**Percursos da
história moderna**

2ª edição

Percursos da história moderna

Andréa Maria Carneiro Lobo
José Roberto Braga Portella

Rua Clara Vendramin, 58 . Mossunguê . CEP 81200-170 . Curitiba . PR . Brasil
Fone: (41) 2106-4170 . www.intersaberes.com . editora@intersaberes.com

Conselho editorial
  Dr. Alexandre Coutinho Pagliarini
  Dr.ª Elena Godoy
  Dr. Neri dos Santos
  M.ª Maria Lúcia Prado Sabatella
Editora-chefe
  Lindsay Azambuja
Gerente editorial
  Ariadne Nunes Wenger
Assistente editorial
  Daniela Viroli Pereira Pinto
Edição de texto
  Monique Francis Fagundes Gonçalves

Capa
  Iná Trigo (*design*)
  Jullius/Shutterstock (imagem)
Projeto gráfico
  Bruno de Oliveira
Diagramação
  Estúdio Nótua
Equipe de design
  Sílvio Gabriel Spannenberg
Iconografia
  Regina Claudia Cruz Prestes

Dados Internacionais de Catalogação na Publicação (CIP)
(Câmara Brasileira do Livro, SP, Brasil)

Lobo, Andréa Maria Carneiro
  Percursos da história moderna / Andréa Maria Carneiro Lobo, José Roberto Braga Portella. -- 2. ed. -- Curitiba, PR : InterSaberes, 2023.

  Bibliografia
  ISBN 978-85-227-0837-6

  1. História - Estudo e ensino 2. História moderna I. Portella, José Roberto Braga. II. Título.

23-171487
CDD-909.8207

Índices para catálogo sistemático:
1. História moderna : Estudo e ensino   909.8207
  Eliane de Freitas Leite – Bibliotecária – CRB 8/8415

1ª edição, 2017.
2ª edição, 2023.

Foi feito o depósito legal.

Informamos que é de inteira responsabilidade dos autores a emissão de conceitos.

Nenhuma parte desta publicação poderá ser reproduzida por qualquer meio ou forma sem a prévia autorização da Editora InterSaberes.

A violação dos direitos autorais é crime estabelecido na Lei n. 9.610/1998 e punido pelo art. 184 do Código Penal.

Sumário

7 *Apresentação*
9 *Organização didático-pedagógica*
13 *Introdução*

Capítulo 1
15 **Sociedade, cultura e ideias**

(1.1)
17 A Idade Moderna e a historiografia

(1.2)
19 O Renascimento

(1.3)
68 As reformas religiosas

(1.4)
96 A expansão das letras

Capítulo 2

115 Sociedade, política e Estado

(2.1)

117 O Estado moderno

(2.2)

161 A Europa em expansão

Capítulo 3

177 Sociedade, revoluções e conflitos

(3.1)

179 O Iluminismo

(3.2)

194 A Revolução Inglesa

(3.3)

202 A Revolução Industrial

(3.4)

209 A Revolução Francesa

243 *Considerações finais*

245 *Glossário*

249 *Referências*

255 *Bibliografia comentada*

257 *Respostas*

265 *Sobre os autores*

Apresentação

Neste livro, abordaremos eventos ocorridos entre os séculos XV e XVIII no Ocidente, de modo que contemplaremos desde o chamado *Renascimento* artístico, cultural e científico até as revoluções burguesas, que destituíram os governos absolutistas e instituíram os pilares dos governos liberais. Destacaremos também: as reformas religiosas; as mudanças de comportamento que se operaram ao longo desse período; e questões referentes à vida cotidiana das pessoas que viveram nessas épocas.

Ao organizarmos e escrevermos este livro, nosso principal interesse é proporcionar a você, leitor, o máximo aproveitamento possível. Por isso, buscamos escrevê-lo em uma linguagem dinâmica e acessível, porém comprometida com a relação entre passado e presente, privilegiando noções de mudança e permanência, semelhança e diferença, sucessão e simultaneidade.

A obra está organizada em três capítulos, que compreendem três eixos temáticos:

1. Sociedade, cultura e ideias;
2. Sociedade, política e Estado;
3. Sociedade, revoluções e conflitos.

Cada capítulo, por sua vez, está dividido em três ou quatro seções, e estas, em subseções. Para tornar mais dinâmica e proveitosa sua leitura, os capítulos são entrecortados por boxes com seções adicionais como "Para saber mais" e "Contextualizando". Na primeira, apresentamos sugestões de livros (literários, históricos e historiográficos), filmes e documentários. Nossa intenção é que você entre em contato não apenas com algumas das principais obras de referência que forneceram subsídios para a elaboração deste livro, mas também com fontes primárias e documentos audiovisuais, que podem ajudá-lo a contextualizar, comparar e compreender os conteúdos abordados. Na seção "Contextualizando", inserimos mais informações sobre assuntos pertinentes ao tema, mas que não são nosso foco de trabalho nesta obra.

Muito importante também é você atentar às palavras, expressões e conceitos destacados ao longo da obra e consultar seu significado na seção "Glossário", ao final do livro. Além disso, sugerimos que sua leitura seja sempre acompanhada de um bom dicionário, não apenas de língua portuguesa, mas também de história e de filosofia. Você pode encontrar sugestões de dicionários e também toda a lista de obras consultadas para a escrita deste livro ao final da obra, na seção "Referências".

Por fim, desejamos que sua viagem pelo passado, essa "terra estrangeira", seja proveitosa e agradável, porém **perturbadora**. Queremos que ela o incomode, leve-o a pensar, a relacionar o período estudado com a nossa própria época e a problematizar o presente.

Ótimos estudos!

Organização didático-pedagógica

Esta seção tem a finalidade de apresentar os recursos de aprendizagem utilizados no decorrer da obra, de modo a evidenciar os aspectos didático-pedagógicos que nortearam o planejamento do material e como o aluno/leitor pode tirar o melhor proveito dos conteúdos para seu aprendizado.

Introdução do capítulo

Logo na abertura do capítulo, você é informado a respeito dos conteúdos que nele serão abordados, bem como dos objetivos que os autores pretendem alcançar.

Contextualizando

Nesta seção, você poderá situar os conceitos estudados no período histórico e social em que eles se manifestam.

Para saber mais

Você pode consultar as obras indicadas nesta seção para aprofundar sua aprendizagem.

Síntese

Você conta, nesta seção, com um recurso que o instigará a fazer uma reflexão sobre os conteúdos estudados, de modo a contribuir para que as conclusões a que chegou sejam reafirmadas ou redefinidas.

Atividades de autoavaliação

Com estas questões objetivas, você tem a oportunidade de verificar o grau de assimilação dos conceitos examinados, motivando-se a progredir em seus estudos e a se preparar para outras atividades avaliativas.

Atividades de aprendizagem

Aqui você dispõe de questões cujo objetivo é levá-lo a analisar criticamente determinado assunto e aproximar conhecimentos teóricos e práticos.

Bibliografia comentada

Nesta seção, você encontra comentários acerca de algumas obras de referência para o estudo dos temas examinados.

Andréa Maria Carneiro Lobo e José Roberto Braga Portella

Introdução

O passado é uma terra estrangeira. Nós estamos numa época; o passado, em outra. Lá, as pessoas se vestem diferente, pensam diferente, falam diferente. E não há nada que possamos fazer a respeito. É isso que afirma o historiador estadunidense David Lowenthal (2003) em seu livro *The Past Is a Foreign Country*, originalmente publicado em 1985.

Mas, será o passado assim tão distante de nós? Afinal, temos consciência do passado, pois, de alguma forma, ele nos cerca: lembramo-nos de eventos e pessoas; vez ou outra, temos contato com objetos antigos (fotos, construções, livros); e ainda ouvimos os mais velhos contarem suas lembranças, que nos remetem a contextos que não vivemos, mas que, de alguma forma, nos soam conhecidos. Como afirma Lowenthal (1998), em nós mesmos, ao nosso redor, em toda parte, a todo instante, residem e resistem elementos de momentos pretéritos, embora nem sempre isso nos seja perceptível.

> *Não temos consciência da maioria desses resíduos, atribuindo-os tão somente ao momento presente; esforço consciente é necessário para* **reconhecer** *que eles advêm do passado. [...] O* <u>mélange</u> *de épocas geralmente passa desapercebido, visto que é tido como a própria natureza do*

presente. As facetas do passado, que perduram em nossos gestos e pala-vras, bem como em regras e artefatos, surgem para nós como "passado" somente quando as reconhecemos como tais. (Lowenthal, 1998, p. 64, grifo do original)

Neste livro, abordaremos uma temporalidade e uma espacialidade não tão distantes das nossas, um contexto no qual se originaram e se desenvolveram algumas das ideias, dos valores, das instituições e dos ordenamentos cujos desdobramentos vislumbramos na atualidade. Trata-se da temporalidade conceituada pela historiografia tradicional como *Idade Moderna* – comumente situada entre os séculos XV e XVIII no Ocidente europeu e caracterizada por mudanças estruturais no tocante à política, à economia, ao pensamento e à organização social em relação ao período anterior, denominado *Idade Média* ou *das Trevas*. O processo que ficou conhecido como *Descobrimento* e a colonização portuguesa do Brasil situa-se nesse contexto; logo, debater sobre ele, mediante a análise de fontes e de textos historiográficos, é também reconhecermo-nos nesse passado.

Capítulo 1
Sociedade,
cultura e ideias

No eixo temático deste primeiro capítulo – Sociedade, cultura e ideiais –, destacamos os aspectos constitutivos do período nomeado pela historiografia como **Idade Moderna**. Problematizamos, nesse contexto, o rompimento – político, econômico, social, científico e artístico-cultural – ocorrido entre os séculos XV e XVIII e a tradição anterior no Ocidente. Para tanto, partimos do humanismo e do Renascimento, passamos pelas reformas religiosas, e finalizamos nossa análise com a chamada *Guerra dos Trinta Anos*, que abriu caminho para a intensificação do poderio dos Estados nacionais.

(1.1)
A IDADE MODERNA E A HISTORIOGRAFIA

Neste primeiro capítulo, versamos brevemente sobre o conceito de *Idade Moderna*, problematizando as divisões temporais e espaciais propostas pela historiografia e esclarecendo em que contexto tal periodização foi criada. Afinal, a escrita da história (a historiografia) também segue sua trajetória no tempo; dessa forma, o próprio conceito de *Idade Moderna* pode ser historicizado.

1.1.1 O CONCEITO DE *IDADE MODERNA*

Em sua obra *O campo da história: especialidades e abordagens* (2005), o historiador José D'Assunção Barros (1967-) afirma que o estudo da história faz parte do **campo histórico**. Segundo esse autor, tal campo tem sido dividido, tradicionalmente, em **espacialidades** e **temporalidades**. Enquanto o critério "espacialidades" originou modalidades tais como história da África, história do Brasil, história da América, história europeia, entre outras, a noção de "temporalidades" gerou subdivisões como história antiga, história medieval, história moderna, e história contemporânea.

Andréa Maria Carneiro Lobo e José Roberto Braga Portella

Tanto as temporalidades quanto as espacialidades podem gerar novos problemas ao tentar resolver questões antigas. Por exemplo: como situar a história do Império Romano na história europeia se, em sua máxima extensão, esse mesmo império abrangeu territórios da Ásia e da África? Com relação à temporalidade, ainda que se possa dividir a história europeia em Antiguidade, Idade Média e Idade Moderna, o mesmo procedimento é aplicável à história da América ou da África?

Ainda no que diz respeito às temporalidades, não devemos esquecer que elas também são **históricas**. Isso se aplica, por exemplo, a divisões como Idade Média e Idade Moderna. Segundo o historiador alemão Reinhart Koselleck (1923-2006) afirma em sua obra *Futuro passado: contribuição à semântica dos tempos históricos* (2006), uma das referências mais antigas ao termo *Idade Média* é encontrada em um manual de 1685, intitulado *Historia Universalis*, escrito pelo estudioso alemão Christoph Cellarius (1638-1707). Cellarius teria sido o primeiro estudioso a dividir o que se convencionou chamar *história universal* (que, apesar do nome, tratava basicamente de aspectos da história do Ocidente europeu) em três temporalidades: Antiguidade, Idade Média e Novo Período (no caso, o século XVII). Este último passou a ser entendido por outros eruditos[1] além de Cellarius como *moderno* em relação a um "período do meio", um "período de trevas". *Novo Período* tornou-se, então, a denominação que a época dava a si mesma, em oposição a um passado com o qual procurava romper. Foram eruditos, artistas e intelectuais dos séculos XVI e XVII que assumiram sua época como moderna em relação ao passado que a precedeu.

---

1 Ao final desta obra, disponibilizamos um glossário que contém definições de termos caros aos temas aqui abordados. Esses termos estão sublinhados ao longo do livro, para facilitar a consulta.

Essa consciência de si e de sua época era algo extremamente novo, relacionado à noção de individualidade, de temporalidade, do *eu* como um ser distinto dos demais no espaço, e da própria época como uma temporalidade distinta de todas as outras. Esse tipo de pensamento começou a ser gestado, segundo o historiador francês Jules Michelet (1798-1874), na Itália dos séculos XIV e XV, período conceituado por esse historiador como **Renascimento**. É sobre esse tema que descorreremos a seguir.

(1.2)

O RENASCIMENTO

O Renascimento teve suas origens no pensamento humanista – a partir do século XIII –, e se manifestou de forma proeminente na arte italiana dos séculos XIV e XV, expandindo-se para outras regiões europeias entre os séculos XVI e XVII.

Inicialmente, problematizararemos a construção do termo *renascimento* pela historiografia oitocentista; na sequência, falaremos do contexto histórico em que se desenvolveu esse movimento, partindo de uma reflexão sobre a influência do pensamento humanista na arte e na literatura renascentistas.

Damos continuidade à seção com a contextualização das principais etapas do Renascimento italiano nas artes, na literatura e no pensamento – *Trecento*, *Quattrocento* e *Cinquecento* – e sua expansão para outras regiões europeias, notadamente Flandres (atualmente norte da Bélgica), França, Inglaterra, Alemanha e Espanha. Finalizaremos com uma alusão a um dos desdobramentos do Renascimento artístico: o Renascimento científico.

Andréa Maria Carneiro Lobo e José Roberto Braga Portella

1.2.1 Conceito

A palavra *renascimento* tem sua origem no verbete latino *renasci*: *re* (de novo, outra vez) e *nasci* (nascer), ou seja, "nascer outra vez". Passou a ser empregada pela historiografia, a partir do século XIX, para designar um estado de coisas que teve sua origem na Itália do século XIV e atingiu seu apogeu no século XV, para então expandir-se para outros territórios europeus, entre os séculos XV e XVII.

O Renascimento caracterizou-se por profundas **mudanças estéticas, técnicas e teóricas** que ocorreram naquele período, marcadas pela nova forma pela qual artistas, eruditos, estadistas, colecionadores e literatos passaram a se relacionar com o passado e com sua própria época. Na tentativa de romper com padrões estéticos, teóricos, formais e literários relacionados ao pensamento cristão medieval, essas pessoas voltaram seu olhar para a Antiguidade Clássica, para a civilização romana em seu apogeu, buscando nas ruínas de seus monumentos, nos textos de seus mais expressivos pensadores e nos traços de suas expressões artísticas inspiração para uma maneira nova de conceber o mundo, o homem, Deus, a cultura e a arte.

O termo *renascimento*, portanto, é relativamente recente. Ainda que durante o século XV críticos já se referissem a esse mesmo contexto como *ressurreição* ou *ressurgimento* de uma idade de ouro das artes, essa palavra, como caracterização de uma ruptura para com o pensamento medieval e o início de uma nova mentalidade nas artes e no pensamento, só passou a ser empregada no século XIX – primeiramente, pelo historiador francês Jules Michelet e, depois, pelo historiador suíço Jacob Burckhardt (1818-1897).

Em 1855, Michelet publicou o volume *Renaissance*, sobre a França do século XVI, tratando especificamente da invasão da Itália pelos franceses no final do século XV. Nessa obra, empregou o termo *renascimento* para se referir ao período do ponto de vista artístico, espiritual e cultural. Caracterizou, assim, o Renascimento como um esforço do pensamento para tentar **harmonizar a arte e a razão** e **reconciliar o belo e o verdadeiro**. Michelet foi o primeiro não só a empregar a denominação *Renascimento,* mas a entender e unificar, sob um único conceito, os vários movimentos da arte que aconteciam entre os italianos dos séculos XV e XVI. Para o historiador, porém, se a Itália foi o berço do Renascimento, foi a partir da França que ele se propagou para outras regiões da Europa (Michelet, 1855).

Foi, contudo, graças a um leitor de Michelet, o suíço Jacob Burckhardt, que o Renascimento se tornou objeto de investigação histórica específica. Cinco anos após ler o livro do historiador francês, Burckhardt publicou, em 1860, *A cultura do Renascimento na Itália,* obra em que caracteriza esse período como uma época de redefinição da postura do homem diante do mundo, uma renovação da consciência que ia muito além da mera restauração de valores da Antiguidade Clássica – a qual permanecia, porém, como grande inspiração para o pensamento e o ideal de ação. Essa renovação manifestou-se, segundo Burckhardt (2009), na busca pela beleza e pelo ideal de perfeição, orientada pela razão e pela confiança na capacidade humana de superação, fosse nos campos artístico ou teórico, fosse nos planos individual ou social.

Um aspecto fundamental da obra de Burckhardt acerca do Renascimento é o fato de conceber o período histórico situado entre os séculos XV e XVI, na Itália, como berço da concepção moderna de **indivíduo**, rompendo assim com o coletivismo característico do período anterior, a Idade Média.

> *Na Idade Média, [...] o homem reconhecia-se a si próprio apenas como raça, povo, partido, corporação, família ou sob qualquer outra das demais*

formas do coletivo. Na Itália, pela primeira vez, tal véu dispersa-se ao vento; desperta ali uma contemplação e um tratamento objetivo do Estado e de todas as coisas deste mundo. Paralelamente a isso, no entanto, ergue-se também, na plenitude de seus poderes, o subjetivo: o homem torna-se um indivíduo espiritual e se reconhece como tal. (Burckhardt, 2009, p. 25)

Essa concepção de indivíduo já vinha sendo delineada um século antes, desde fins do século XIII e meados do século XIV, como uma das nuances do humanismo – tendência de pensamento nascida nesse período a partir de mudanças curriculares feitas nos cursos de Direito das primeiras universidades europeias. É o que veremos a seguir.

Para saber mais

A cultura do Renascimento na Itália: um ensaio, de Jacob Burckhardt, foi publicado pela primeira vez em 1860 e tem como fio condutor o estudo das origens do individualismo moderno. O livro aborda acontecimentos que tiveram como berço a Itália dos séculos XIV a XVI – ou seja, durante o Renascimento.

BURCKHARDT, J. **A cultura do Renascimento na Itália:** um ensaio. Tradução de Sérgio Tellaroli. São Paulo: Companhia das Letras, 2009.

1.2.2 O HUMANISMO

O **humanismo**, segundo o historiador medievalista Ricardo da Costa (1962-), distinguiu-se como um movimento iniciado nos cursos de Direito das primeiras universidades europeias, surgidas no século XI. Até então, ou seja, até o fim do século X, não existiam cursos acadêmicos de Direito: noções jurídicas eram tratadas como parte dos estudos de lógica e de retórica (Costa, 2008).

No entanto, entre os séculos XI e XIII, o fenômeno das cruzadas, o avanço do comércio, o renascimento dos centros urbanos e o desenvolvimento de atividades financeiras a ele relacionadas – os contratos de empréstimo, a cunhagem de moedas, a prática do penhor e as questões vinculadas ao câmbio, por exemplo –, aliados ao crescimento das cidades, exigiram a renovação dos princípios que norteavam o ensino jurídico e a legislação em vigor.

Uma das questões mais proeminentes do pensamento humanista ao longo dos séculos XIV e XV é que nele se deslinda uma outra concepção acerca do homem e do mundo, uma concepção racional, natural, diferenciada daquela manifesta na temporalidade caracterizada como *Idade Média*.

> *Finalmente, pareceu-me ter compreendido por que razão é o homem o mais feliz de todos os seres animados e digno, por isso, de toda a admiração, e qual enfim a condição que lhe coube em sorte na ordem universal, invejável não só pelas bestas, mas também pelos astros e até pelos espíritos supramundanos. Coisa inacreditável e maravilhosa. E como não?*
> *Já que precisamente por isso o homem é dito e considerado justamente um grande milagre e um ser animado, sem dúvida digno de ser admirado.*
> (Pico della Mirandola, 2017, p. 55)

O texto citado é de autoria do filósofo e erudito italiano Giovanni Pico della Mirandola (1463-1494) e faz parte do *Discurso sobre a dignidade do homem*, publicado originalmente em 1486. Considerado um dos principais teóricos do humanismo, Pico della Mirandola refere-se ao homem como o mais digno dentre todos os seres animados criados por Deus, uma criação cuja posição na ordem universal deveria ser objeto de inveja tanto dos astros quanto das bestas e dos espíritos supramundanos, um verdadeiro milagre, de condição privilegiada e maravilhosa.

Contextualizando

Nascido em Mirandola, parte do ducado de Ferrara, na Itália, Giovanni Pico della Mirandola estudou Direito Canônico na Universidade de Bolonha – a mais antiga faculdade de Direito da Europa Ocidental. Depois, foi para Pádua, onde teve contato com o pensamento do filósofo Aristóteles (que viveu no século IV a.C.). Residiu por algum tempo em Paris (França) e em Florença (Itália), onde, além de se dedicar ao estudo de línguas clássicas antigas – o hebraico, o aramaico e o árabe –, interessou-se pelas teorias do filósofo Platão (que viveu na Grécia entre os séculos V e IV a.C.) e também pela cabala, a matemática mística de origem hebraica. Em 1486, com apenas 23 anos de idade, convocou estudiosos de várias partes da Europa para um grande debate a ser realizado em Roma. Na ocasião, pretendia apresentar 900 teses que havia elaborado ao desenvolver seus estudos sobre a cabala e o platonismo. Foi para esse encontro que escreveu aquela que é considerada a sua grande obra: *Discurso sobre a dignidade do homem*. Entretanto, 13 de suas teses foram consideradas heréticas e por isso o debate não aconteceu. Viajou, então, para a França, onde foi preso e, logo depois, libertado. Mudou-se para Florença, onde recebeu a proteção do grande banqueiro e estadista Lorenzo de' Médici. Lá se filiou à Academia Platônica, um centro de estudos inspirado no pensamento do antigo filósofo. Foi absolvido da acusação de heresia em 1492 e faleceu em 1493.

O texto de Pico della Mirandola pode ser considerado uma das mais expressivas manifestações do pensamento humanista na Itália, e o humanismo, um dos principais pilares teóricos do Renascimento.

Para saber mais

Com o ator Orlando Bloom no papel principal, o filme *Cruzada* é uma superprodução gravada em países como Marrocos, Espanha e Reino Unido. Trata-se uma obra de ficção inspirada no movimento das cruzadas, ocorrido entre os séculos XI e XIII, na baixa Idade Média.

As cruzadas foram uma série de movimentações militares de inspiração religiosa, incentivada pela Igreja católica, e tiveram a participação de nobres, camponeses, comerciantes e reis do Ocidente europeu. Ocorreram entre os anos de 1092 e 1272 e desdobraram-se em pelo menos oito expedições oficiais armadas de cristãos ocidentais ao Oriente – região de Jerusalém – para afastar da "Terra Santa" os turcos islamizados. Algumas dessas expedições tiveram sua rota desviada para Constantinopla, rico entreposto comercial e cristão (de orientação ortodoxa desde 1054) situado no Estreito de Bósforo, com o objetivo claro de empreender saques e favorecer o enriquecimento de seus participantes pelo comércio de artigos orientais no Ocidente. O objetivo manifesto das cruzadas não foi atingido, mas elas favoreceram o restabelecimento do comércio externo e interno da Europa e contribuíram para a decadência do feudalismo.

CRUZADA. Direção: Ridley Scott. EUA/Reino Unido/Espanha/ Alemanha: 20th Century Fox; Fox Film do Brasil, 2005. 194 min.

Após o término das cruzadas, alguns centros europeus viram renascer as cidades e o comércio nas regiões em que ocorriam as feiras. O crescimento do comércio e das atividades monetárias demandou uma renovação da legislação em vigor nos centros europeus em ascensão. Foi nesse contexto que nasceram as primeiras universidades.

Andréa Maria Carneiro Lobo e José Roberto Braga Portella

Para ter uma ideia de como era a vida nas cidades durante o renascimento comercial e urbano europeu que se seguiu às cruzadas, observe a Figura 1.1. Trata-se de uma miniatura que ilustra um manuscrito italiano do início do século XV. Nela, o artista representou o mercado da Porta de Ravena, em Bolonha, na Itália. Note a movimentação gerada pelo comércio de tecidos, roupas prontas, utensílios domésticos, móveis e alimentos.

Figura 1.1 – *Mercado da Porta de Ravena na Bolonha*

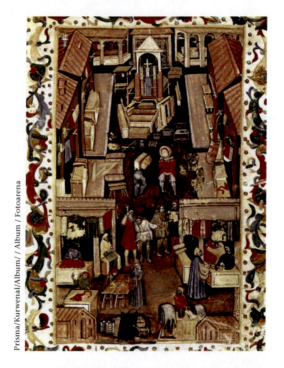

MERCADO da Porta de Ravena, na Bolonha. Rua dos comerciantes. Frontispício do códice *Matricola dei Mercanti*, 1470. Museo Civico, Bolonha, Itália.

A universidade mais antiga da Europa, a Universidade de Bolonha, na Itália, fundada em 1088, foi uma das primeiras a contar com um curso específico de Direito, criado em resposta à necessidade de que o ensino fosse mais direcionado às questões práticas de um mundo em transformação. A fundação dessa disciplina acadêmica teve como causa também o renovado interesse pelo direito romano observado na época.

Ao longo dos séculos XII e XIII, como resultado da necessidade de se adquirir uma melhor compreensão dos preceitos do Direito, desenvolveu-se o gosto pelo conhecimento de outros aspectos do **universo cultural greco-romano**, e esse interesse resultou em uma **proposta de reforma curricula**r: a base do ensino deveria ser composta por quatro disciplinas: Poesia, História, Matemática e Eloquência, um conjunto que compunha os *studia humanitatis*, os estudos da humanidade (o que corresponderia ao que atualmente é designado como *ciências humanas*). Era o início do humanismo.

Segundo o filósofo Tiago Adão Lara (1930-), nas primeiras universidades europeias surgidas na Baixa Idade Média, os cursos ofertados eram, basicamente, Teologia, Filosofia, Direito, Medicina e Letras (Lara, 1986). Não existiam as ciências empíricas, os conhecimentos eram estudados na Filosofia e por meio de métodos filosóficos. O humanismo se desenvolveu tanto em meio aos estudos de Direito quanto na Filosofia, como uma valorização do homem. Dessa **valorização do homem** e do que é humano derivaram alguns dos princípios constitutivos do pensamento humanista, como a valorização do trabalho manual, da natureza, da racionalidade e, consequentemente, de uma arte racional e naturalista:

O humanismo, de fato, é a expressão do acontecer do homem, em confronto com o teocentrismo medieval. Essa valorização do homem traz

Andréa Maria Carneiro Lobo e José Roberto Braga Portella

como consequência a valorização do trabalho manual. A nova cultura não vai mais centrar-se em Deus, mas no homem; e é a partir do homem que ela focalizará o cosmos, a história e, talvez, o próprio Deus. E o homem é olhado, sobretudo, como razão e natureza: como natureza racional. A racionalidade da vida e da história começa a ser procurada numa dimensão de imanência. (Lara, 1986, p. 28-29)

Associado, portanto, à redescoberta do homem e do seu lugar como o centro da criação divina, ocorre no período um reencontro com o mundo natural e sua valorização em reação ao sobrenaturalismo medieval, conforme destaca Lara (1986, p. 29):

Outra exigência do humanismo é a aderência ao natural, quase como uma reação ao sobrenaturalismo da Idade Média. Os humanistas redescobrem a beleza da natureza, do corpo e da terra [...]. A natureza não vai mais ser considerada como objeto de medo e de contemplação, mas como campo de estudo e de atuação do homem, convidado a aperfeiçoar a si mesmo.

Dos cursos de Direito e das universidades, o humanismo se expandiu, ao longo dos séculos XIII e XIV, para outras esferas do pensamento, e passou a influenciar a literatura e as artes. Caracterizava-se pela ruptura com valores e preceitos típicos do pensamento cristão e pelo retorno aos elementos do pensamento clássico-pagão, greco-romano. Os humanistas debruçaram-se sobre a língua latina clássica e, assim, puderam sorver os escritos de literatos, filósofos e estadistas da Antiguidade, buscando neles a inspiração para rever os valores e preceitos de sua própria época.

Já na Itália, onde se iniciou, o movimento teve também um caráter estético e histórico: comerciantes e banqueiros, enriquecidos com as atividades comerciais, começaram a financiar atividades de escavação de complexos arquitetônicos e restauração de esculturas e mosaicos antigos, e assim trouxeram à tona elementos pictóricos, arquitetônicos e esculturais típicos da estética romana no período áureo daquela civilização – entre os séculos I a.c. e I d.c. –, que então passaram a inspirar artistas e escritores italianos do século XIV (Hauser, 2010). Uma das máximas do humanismo vinha da declaração de Protágoras, sábio grego que viveu no século V a.c.: "O homem é a medida de todas as coisas".

1.2.3 A ITÁLIA NA ÉPOCA DO RENASCIMENTO

Além das razões apontadas nas seções anteriores – o fato de ter abrigado as primeiras universidades e de conter resquícios materiais da cultura clássica greco-romana –, podemos citar fatores econômicos e políticos que fizeram da Itália o berço do Renascimento.

Após a queda do Império Romano, parte da Itália, da Alemanha e da França passou a compor o **Império Franco**, que, formado a partir do século V, atingiu seu apogeu com Carlos Magno, no século IX, e entrou em decadência após a morte desse soberano, com a subsequente divisão do território entre seus filhos e a descentralização política decorrente das relações feudo-vassálicas. No século X, o príncipe conhecido como Otão I, de origem germânica, herdou esse império, onde também se localizavam as terras pontifícias, e instituiu o **Sacro Império Romano-Germânico**, cuja capital localizava-se na Alemanha.

Ao longo dos séculos XI, XII e XIII, desentendimentos entre imperadores germânicos e papas ocasionaram a ruptura da aliança entre os reis do Sacro Império Romano-Germânico e a Igreja católica, que, contudo, continuava a controlar os Estados pontifícios na região central da Itália.

Andréa Maria Carneiro Lobo e José Roberto Braga Portella

Nessa mesma época, formava-se, ao sul da península, o reino independente de Nápoles. No norte, centros comerciais nascidos por volta dos séculos XI e XII transformavam-se em núcleos urbanos, ricos e independentes. Nos séculos XIII e XIV, quatro desses núcleos começaram a se destacar dentre os demais, disputando entre si o controle sobre o comércio de pequenas cidades ao seu redor: o ducado de Milão, a República de Florença, a República de Veneza e a rica cidade de Gênova. Foi nesses núcleos urbanos, especialmente em Florença, que floresceu o Renascimento, como destaca o historiador Arnold Hauser (1892-1978):

> *Surgem nos primeiros decênios do século XI pequenas repúblicas marítimas, como Veneza, Amalfi, Pisa e Gênova, independentes dos senhores feudais dos territórios circundantes. Nos séculos seguintes, constituem-se novas comunidades livres – entre outras, Milão, Lucca, Florença e Verona, formando ainda repúblicas socialmente algo diferenciadas, baseadas nos direitos iguais de seus cidadãos mercadores. Em breve, porém, eclode o conflito entre essas comunidades e os ricos barões das circunvizinhanças; de momento, o conflito termina com a vitória da classe média. A aristocracia rural muda-se para as cidades e procura adaptar-se à estrutura econômica e social da população urbana.* (Hauser, 2010, p. 286)

Observe, no Mapa 1.1, a seguir, a localização desses núcleos. Note que se concentravam, basicamente, na região centro-norte da Península Itálica.

Mapa 1.1 – A configuração política da Península Itálica no século XIV

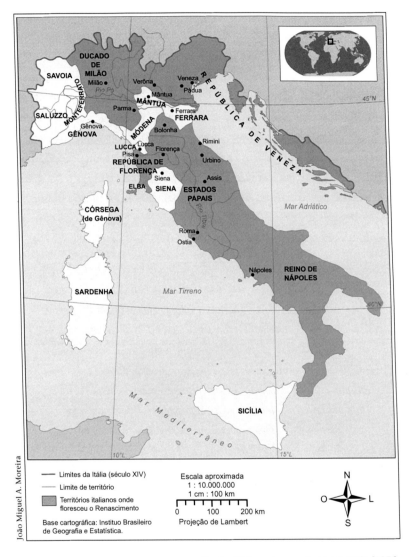

Fonte: Elaborado com base em Hale [197-].

Andréa Maria Carneiro Lobo e José Roberto Braga Portella

A ascensão econômica da burguesia italiana constituiu um dos aspectos essenciais à difusão do ideário humanista nas artes: interessado em adquirir prestígio social e destituir o preconceito relacionado às atividades que caracterizavam sua condição econômica – a usura e o comércio com vistas ao lucro – esse novo segmento social, enriquecido pela atividade mercantil, passou a injetar recursos nas artes, tanto com o objetivo de fazer investimento financeiro quanto com a finalidade de aplicar uma estratégia de distinção social, conforme destaca Hauser (2010). Inicialmente, as obras eram encomendadas para decorar igrejas, capelas e mausoléus. Já a partir de meados do século XV, porém, passaram a adornar palácios e castelos da nobreza, e também as prósperas residências de cidadãos enriquecidos com a atividade monetária (mercantil e bancária).

> *As encomendas artísticas feitas pela classe média consistiam, principalmente, de início, em presentes para igrejas e mosteiros; somente em meados do século [XV] foram encomendadas em maior quantidade obras seculares e obras destinadas a fins particulares. Daí em diante, os lares dos ricos cidadãos de classe média, assim como os castelos e palácios dos príncipes e nobili, passam a ser decorados com pinturas e esculturas. Naturalmente, as considerações de prestígios, o desejo de brilhar e de tornar perene a lembrança do próprio nome desempenham um papel tão grande (se não ainda maior) em toda essa atividade artística quanto a satisfação de necessidades puramente estéticas.* (Hauser, 2010, p. 309)

Essa estratégia, por um lado, possibilitava aos artistas a conquista da autonomia e do reconhecimento: ao longo do século XV, primeiramente na Itália e depois em outros centros urbanos europeus, os artistas plásticos conseguiram se libertar das amarras que os prendiam às corporações de artesãos e passaram a desenvolver seus trabalhos em seus próprios ateliês, de forma independente. Por outro lado, a iniciativa burguesa de apoiar e incentivar as artes significava a possibilidade de difundir os valores humanistas.

Burgueses, estadistas e demais personagens influentes que financiavam os artistas passaram a ser chamados de *mecenas*. A expressão deriva do nome de Caio Mecenas, entusiasta das artes e das letras que atuou como conselheiro durante o reinado do imperador Otávio Augusto, no primeiro século da Era Cristã. Dentre os maiores *mecenas* do Renascimento italiano, destaca-se a figura de Lorenzo de' Médici (1449-1492).

Contextualizando

Descendente de uma rica família de banqueiros de Florença, Lorenzo de' Médici herdou o controle político da cidade de seu avô, Cosimo de' Médici. Sob o reinado de Lorenzo, cujo epíteto era *o Magnífico*, a república florentina tornou-se um grande centro de produção intelectual e artística. Seu palácio acolhia artistas, escritores e filósofos que partilhavam, como ele, de uma visão humanística de mundo. Ele próprio chegou a escrever textos em prosa e poemas. Apesar de, politicamente, ter atitudes que beiravam a tirania, sua postura intelectual propiciou apoio material e ideológico para artistas como Sandro Botticelli (1445-1510) e Michelangelo Buonarroti (1475-1564), que se tornariam grandes expoentes do Renascimento italiano.

1.2.4 As fases do Renascimento italiano

O Renascimento italiano costuma ser dividido, por estudiosos como Arnold Hauser (2010), em três fases principais: o *Trecento* (século XIV), o *Quattrocento* (século XV), e o *Cinquecento* (século XVI).

Andréa Maria Carneiro Lobo e José Roberto Braga Portella

O Trecento *(1300-1399)*

O *Trecento*, também conceituado como *Pré-Renascimento*, constitui o primeiro desses períodos, é predominantemente italiano e refere-se ao século XIV. É marcado, na pintura, pela obra de artistas como Cimabue (1240-1302) e Giotto da Bondoni (ca. 1266-1337), que pintou afrescos como os da capela de São Francisco (em Assis) e é considerado o principal artista do período.

Giotto é considerado o precursor do estilo naturalista na pintura, pois rompe com a rigidez e a artificialidade presentes no estilo bizantino, ainda predominante em fins do século XIII, conforme aponta Hauser:

> *Giotto é o primeiro mestre do naturalismo na Itália. Os antigos escritores, Villani, Boccaccio e até Vasari, enfatizam, e não sem boas razões, a irresistível impressão causada em seus contemporâneos por essa fidelidade à natureza, e não gratuitamente que contrastam seu estilo com a rigidez e o artificialismo da arte bizantina, a qual ainda era muito disseminada quanto Giotto surgiu em cena. Acostumamo-nos a comparar a clareza e a simplicidade, a lógica e a precisão de seu estilo com a espécie ulterior e mais frívola, mas trivial do naturalismo e fechamos por isso os olhos para o tremendo progresso que significou sua arte na representação direta das coisas, até que ponto ele foi capaz de descrever pictoricamente, com suprema clareza, aquilo que até então tinha sido impossível na pintura [...]. Ele era o mestre de uma arte simples, sóbria [...], cuja qualidade clássica brotou do ordenamento e da sintetização da experiência, da racionalização e simplificação da realidade, não de um idealismo divorciado da realidade.*
>
> (Hauser, 2010, p. 296)

Observe na Figura 1.2, a seguir, uma reprodução do afresco *O massacre dos inocentes*, de Giotto. Na pintura, ficam evidentes a personificação e a humanização dos gestos, bem como a tentativa de introduzir noções de perspectiva e realismo à cena representada.

Figura 1.2 – *O massacre dos inocentes*, de Giotto

GIOTTO. **O massacre dos inocentes**. 1302-1305. Afresco: color.; 200 × 185 cm. Cappella degli Scrovegni, Pádua, Itália.

Nessa época, a pintura se materializava, sobretudo, em afrescos que adornavam o interior de igrejas e capelas, bem como mausoléus de famílias enriquecidas graças ao comércio. Giotto, assim como outros artistas do *Trecento*, é considerado um dos precursores do Renascimento por instituir um estilo novo na pintura, conceituado como uma *maniera nuova* e caracterizado por introduzir personagens humanizados, dotados de movimento, expressão e individualidade, compondo cenas coloridas e vívidas, envoltas por fundos realistas e naturalistas. É, também, nesse período que os artistas passam a assinar suas obras e empreender as primeiras tentativas de compor pinturas em perspectiva, uma técnica também iniciada por Giotto.

Contextualizando

Confira alguns aspectos referentes à biografia de Giotto, conforme a interpretação do crítico de arte Armindo Trevisan (1933-):

Giotto é considerado por alguns historiadores como o último dos grandes artistas da Idade Média. Outros preferem considerá-lo o primeiro artista moderno, o pintor que determinou o curso da arte durante 600 anos, podendo sua influência, nessa área, ser comparada à de Dante na literatura. Dante, aliás, dedicou a Giotto um terceto da Divina comédia [...]. Ambrogiotto (donde Giotto di Bondone) nasceu na aldeia Colle di Vespignano, perto de Florença, onde seu pai possuía uma modesta propriedade, na qual se dedicava ao pastoreio. Foi nessa aldeia que Cimabue, pintor já célebre, encontrou o menino, concentrado (segundo refere a legenda) em desenhar a carvão suas ovelhas sobre a superfície de pedras polidas. O pintor convidou o menino, que teria de cinco a seis anos de idade, a trabalhar no seu atelier. *Giotto ficou aproximadamente dez anos como aprendiz de Cimabue. A partir de 1280, passou a acompanhar o mestre nas suas frequentes viagens a Roma e a Assis.* (Trevisan, 2003, p. 187)

Na literatura, dentre os expoentes do *Trecento*, destacam-se os escritores Dante Alighieri (1265-1321), Francesco Petrarca (1304-1374) e Giovanni Boccaccio (1313-1375).

O florentino Dante Alighieri é considerado um dos introdutores do espírito humanístico nas artes. Além de escritor, foi cidadão influente e participante nas decisões políticas de sua cidade natal. Envolveu-se nos muitos conflitos que agitavam o cenário urbano da Florença dos séculos XIII e XIV e, por conta disso, foi preso e chegou a ser condenado ao exílio. Faleceu em Ravena. Sua principal obra é o extenso poema *A divina comédia*.

Francesco Petrarca, poeta italiano, é considerado também um dos grandes nomes do *Trecento*. Nasceu na cidade de Arezzo, mas viveu parte de sua vida na cidade de Avignon, na França, onde ocupou um cargo eclesiástico que lhe permitiu aprimorar o latim e se dedicar ao estudo dos clássicos da literatura greco-romana. Por dominar excelentemente o latim, foi convidado a trabalhar para famílias influentes da Itália e da França. Esse trabalho lhe proporcionou a realização de viagens que ampliaram seus horizontes culturais e suas amizades. Suas principais obras são: *Cancioneiro*, livro que tem por personagem central Laura, supostamente uma jovem pela qual Petrarca teria se apaixonado em 1327; e *Triunfos*, poema em que é relatada uma passagem fictícia pelo reino dos mortos, em que, para ser vencedor, o poeta precisa atingir seis triunfos: o do amor, o da castidade, o da morte, o da fama, o do tempo e o da eternidade. Laura também é a personagem principal desse poema; é ela quem guia o poeta pelo reino dos mortos.

O Quattrocento *(1400-1499)*

Quattrocento é a designação atribuída à arte renascentista do século XV, período em que os novos conceitos estéticos atingiram o ápice na Itália, expandindo-se também para a região de Flandres, no norte da Europa. Durante o *Quattrocento,* a República de Florença reconquistou sua importância financeira e cultural na região da Toscana. Durante boa parte desse período, a região esteve sob o comando dos Médici, que governaram a cidade entre 1434 e 1492. Cosimo, Piero e Lorenzo de' Médici – lideranças políticas que se sucederam no comando da cidade – comportaram-se como grandes mecenas, contribuindo, dessa forma, para o significativo desenvolvimento cultural e artístico que a cidade teve.

Durante o governo de Lorenzo, o *Magnífico*, os Médici patrocinaram a criação da Escola Neoplatônica de Florença, um centro cultural irradiador do ideário humanista para as mais variadas áreas do conhecimento. O nome da escola faz menção ao filósofo grego, Platão, cujas obras constituíram os principais alicerces teóricos do movimento.

O pintor florentino Sandro Botticelli é um dos principais expoentes do *Quattrocento*. A primeira fase de sua pintura foi profundamente influenciada pelos ideais da Escola Neoplatônica: suas obras tendem a associar a Beleza ao Bem – uma herança clara do pensamento de Platão.

Figura 1.3 – *O nascimento de Vênus*, de Sandro Botticelli

BOTTICELLI, S. **O nascimento de Vênus**. 1483-1485. 1 têmpera sobre tela: color.; 172,5 × 278,5 cm. Galleria Degli Uffizi, Florença, Itália.

O pintor e arquiteto, também florentino, Filippo Brunelleschi (1377-1446) é outro expoente do Renascimento italiano do *Quattrocento*. A imponência do conjunto arquitetônico conhecido como Duomo di Santa Maria del Fiore, em Florença, deve-se, em grande parte, à cúpula projetada pelo artista (Figura 1.4). Com o apoio dos mecenas, Brunelleschi rompeu laços com a corporação de ofício à qual estava atrelado, abrindo caminho para que outros artistas também o fizessem e alcançando, assim, a independência criativa. Brunelleschi foi o primeiro artista a substituir a perspectiva intuitiva pela perspectiva matemática na pintura. O uso desse tipo de perspectiva exigia que o pintor se aprimorasse no estudo de noções de matemática e geometria.

Figura 1.4 – Duomo di Santa Maria del Fiore, projetado por Filippo Brunelleschi

Andréa Maria Carneiro Lobo e José Roberto Braga Portella

O Cinquecento *(1500-1599)*

Os cinco centros italianos de maior importância no século XV – Milão, Florença, Veneza, os Estados Papais e o reino de Nápoles – formaram uma liga, em 1455, cujo objetivo era impedir que um deles buscasse exercer isoladamente o controle sobre os demais. A chamada *Liga Italiana* durou até 1494, período em que se intensificaram as investidas francesas sobre a região, as quais culminaram com a invasão promovida por Chales VIII naquele mesmo ano.

A partir de então, com a ruína financeira de Milão e Florença, o centro de produção artístico-cultural italiana deslocou-se para Roma, sobretudo em virtude das inciativas dos papas Júlio II (1443-1513), cujo pontificado se estendeu de 1503 a 1513, e de seu sucessor, de 1513 a 1521, Leão X (1475-1521) – este, filho de Lorenzo de' Médici. Sob seus pontificados, a sede da fé católica tornou-se um cenário de luxo e sofisticação material, com a contratação de arquitetos, pintores e escultores. Data desse período o início da construção da Basílica de São Pedro e da decoração do Palácio do Vaticano. Na pintura e na escultura, respectivamente, Leonardo da Vinci (1452-1519) e Michelangelo (1475-1564) são considerados os maiores expoentes italianos do *Cinquecento*.

Figura 1.5 – *Pietá*, de Michelangelo

MICHELANGELO BUONARROTI. **Pietà**. 1497-1499. Escultura em mármore. 174 × 195 × 69 cm. Basílica de São Pedro. Cidade do Vaticano, Vaticano.

Os séculos XV e XVI na Itália não foram férteis só em expressão plástica, mas também em produção literária, com destaque para a poesia pastoral e para a dramaturgia, com o predomínio das comédias. Entre as peças escritas do período, destacamos *Mandrágora*, escrita por Nicolau Maquiavel (1469-1527), em 1518. Maquiavel trabalhou entre 1498 e 1512 na administração da República Florentina, executando funções relacionadas à diplomacia e à organização militar da cidade. Nessa época, Florença enfrentou forte oposição de Pisa – até então sob o poder florentino – e intensas disputas internas pelo comando político da cidade. Foi nesse contexto que o historiador e diplomota produziu outro livro, considerado sua obra-prima: *O príncipe*, escrito entre 1512 e 1515. Esse trabalho do autor que se volta à temática da **teoria do Estado** será apresentado de modo mais detalhado adiante.

1.2.5 O Renascentismo na região de Flandres

Entre os séculos XIV e XV, o que era então a região de Flandres – situada entre os Países Baixos e a Bretanha – foi o centro de uma intensa movimentação comercial, financeira, cultural e artística. Na atualidade a região de Flandres está localizada ao norte da Bélgica e a capital da província de Flandres Ocidental (Figura 1.6) é a cidade de Bruges.

Figura 1.6 – Bruges, cidade belga, capital da província de Flandres Ocidental

SenSeHi/Shutterstock

Em seu bojo, formou-se uma rica burguesia, composta por banqueiros, armadores, donos de manufaturas e mercadores. À medida que crescia seu poder aquisitivo, essa parcela da sociedade passou a investir em joias, trajes suntuosos e mobiliário requintado para suas casas, no interior das quais desfrutavam dos delicados prazeres de uma condição privilegiada.

Os integrantes desse estrato social eram os maiores financiadores dos artistas da época, que, por sua vez, retratam em detalhes esse universo privado em uma explosão de cores e texturas. É o caso, por exemplo, de algumas obras do artista holandês Jan van Eyck (ca. 1390-1441), como a pintura *O casal Arnolfini*, de 1434 (Figura 1.7). Apesar de ser arrolado entre os artistas do chamado *gótico flamengo*, Eyck teve grande influência sobre o movimento renascentista fora da Itália.

Figura 1.7 – *O casal Arnolfini*, de Jan van Eyck

EYCK, J. V. **O casal Arnolfini**. 1434. Óleo sobre tela: color.; 82 × 60 cm. National Gallery, Londres, Inglaterra.

Também conhecida como *As bodas dos Arnolfini*, essa obra teria sido encomendada pelo rico mercador Giovanni di Nicolao Arnolfini para celebrar seu noivado ou casamento. Retrata o interior do quarto do futuro casal, no qual se podem verificar aspectos de extrema religiosidade – como as cenas bíblicas pintadas ao redor do espelho, um rosário na parede e os tamancos masculinos dispostos no chão em referência provável à seguinte passagem do *Êxodo*: "tira as sandálias dos pés porque o lugar em que estás é uma terra santa!" (Bíblia. Êxodo, 2016, 3: 5). Além disso, a noiva segura o vestido de modo a simular uma futura gravidez.

Além dos símbolos de religiosidade, há também ostentação material, presente nas laranjas importadas (e caras) sobre a mesa, no tapete anatoliano, no tecido caro das vestimentas e da decoração. Finalmente, vale destacarmos a genialidade de Van Eyck, que pintou no espelho convexo ao fundo o reflexo dos noivos de costas e sobre ele escreveu, em latim: "Jan van Eyck esteve aqui, 1434".

Temas sacros também eram constantes nas obras dos artistas flamengos. Burgueses encomendavam retábulos com cenas piedosas, alguns dos quais, depois, eram oferecidos em caráter de doação a paróquias locais, como forma de reconciliação com a Igreja, que muitas vezes assumia uma postura crítica às atividades econômicas por eles praticadas.

Além de Jan Van Eyck e de seu irmão, Hubert van Eyck (1370-1426), o tema de uma religiosidade delicada e piedosa se manifestava nas pinturas de Mestre Flemalle (Robert Campim, 1375-1444); Rogier van der Weyden (1400-1464) e Hugo van der Goes (1440-1482).

> **Contextualizando**
>
> Os pintores flamengos inovaram a pintura renascentista, introduzindo ou aperfeiçoando técnicas como a tinta a óleo e as composições em perspectiva, marcadas por cores vivas e vibrantes. O refinamento técnico, a perfeição dos detalhes e a vivacidade da cor tornaram-se marcas do período, tanto nas paisagens quanto nas naturezas mortas.

Uma religiosidade de caráter mais moralizante e agressivo é o aspecto central da obra de Hieronymus Bosch (ca. 1450-1516), como demonstra a Figura 1.8, a seguir.

Figura 1.8 – *O jardim das delícias*, de Hieronymus Bosch

BOSCH, H. **O jardim das delícias**. 1503-1515. Tríptico, óleo sobre madeira: color.; 220 × 389 cm. Museo del Prado, Madri, Espanha.

Observe com atenção alguns dos inúmeros detalhes que compõem a obra *O jardim das delícias*. Com suas pinturas de forte tom moralizante, Bosch chocava os expectadores ao apresentar seres humanos esquálidos, esguios e nus, em situações de vícios e prazeres carnais, punidos com castigos divinos. Entre suas principais obras, destacam-se, ainda, *A nave dos loucos* e *As tentações de Santo Antão*. Os cenários improváveis, aterrorizantes e oníricos de suas cenas eram bastante originais na época.

Além da pintura, a literatura flamenga também nos presenteou com uma obra que constituiu um verdadeiro divisor de águas no pensamento ocidental. Trata-se de *O elogio da loucura*, escrito em 1509 por Desidério Erasmo (1466-1536), mais conhecido como Erasmo de Roterdã (1982). Nesse livro, escrito como homenagem ao amigo e protetor inglês Thomas More, Erasmo, valendo-se de tom irônico e humor mordaz, critica preceitos e costumes de seu tempo, atacando, por exemplo, a imoralidade e a corrupção do clero. Utilizando recursos alegóricos, personifica a loucura sob a forma de uma linda e sedutora deusa, que anuncia certas verdades que a maioria das pessoas preferiria manter escondidas. Compara a vida humana a uma comédia, em que cada um de nós, devidamente mascarados, representa seu papel.

Observe, no trecho citado a seguir, o modo como Erasmo concebe as várias fases da vida humana, do nascimento à morte, entendendo-a como mísera e cheia de males:

> *Se alguém, do alto de uma torre elevada, se distraísse contemplando o gênero humano, como, dizem os poetas, faz Júpiter às vezes, que multidão de males não veria ele assaltar de todos os lados a vida dos míseros mortais! Um nascimento imundo e revoltante, uma educação penosa e dorida, uma infância exposta a tudo que a circunda, uma juventude submetida a tantos estudos e tantos trabalhos, uma velhice sujeita a tão grande número de enfermidades insuportáveis, e finalmente a triste e dura necessidade da morte.* (Roterdã, 1982, p. 52)

1.2.6 Os renascentistas de Portugal e Espanha

Em Portugal, o Renascimento manifestou nuances mais intensas na literatura, notadamente no gênero da dramaturgia e da <u>poesia épica</u>, com destaque para Gil Vicente no primeiro gênero, e para Luís de Camões no segundo.

O contexto em que Camões situou sua obra é o da exploração ultramarina portuguesa, elemento presente em seu poema mais expressivo, *Os Lusíadas*, no qual o leitor é levado a vivenciar a angústia, a melancolia e a aventura que acompanhavam as expedições marítimas portuguesas entre os séculos XV e XVI, como podemos perceber no trecho a seguir, extraído do "Canto 1":

Já no largo Oceano navegavam,
As inquietas ondas apartando;
Os ventos brandamente respiravam,
Das naus as côncavas velas inchando:
De branca escuma os mares se mostravam
Cobertos onde as proas vão cortando
As marítimas águas consagradas
Que do gado de Proteo são cortadas...
(Camões, 2000, p. 53)

Já na Espanha, as manifestações do ideário humanista e da influência da estética renascentista se fizeram sentir tanto na pintura quanto na literatura. Entre as produções pictóricas, destacamos a obra de Doménikos Theotokópoulos (1541-1614). Natural da ilha de Creta (parte dos domínios da República de Veneza na época do seu nascimento), mudou-se, em 1577, para a cidade espanhola de Toledo, e lá passou a ser conhecido, por sua origem, como El Greco. Em seus trabalhos, podemos perceber a influência da <u>pintura bizantina</u> – as figuras

Andréa Maria Carneiro Lobo e José Roberto Braga Portella

alongadas, os tons metálicos, e a não incidência da gravidade sobre os personagens representados, que algumas vezes, parecem flutuar.

Observe, na Figura 1.9, referente ao quadro *Espólio de Cristo*, que os pés de Jesus atuam como uma espécie de eixo em torno do qual foram dispostos os demais elementos do conjunto. Note, também, que os personagens da pintura apresentam forte carga de espiritualidade, manifestada em semblantes de intensa emoção e em silhuetas alongadas.

Figura 1.9 – *Espólio de Cristo*, de El Greco

EL GRECO. **Espólio de Cristo**. 1577-1579. Óleo sobre tela: color.; 285 × 173 cm. Catedral de Toledo, Toledo, Espanha.

Na literatura, o maior expoente do Renascimento espanhol e também o primeiro romance da Idade Moderna é *O engenhoso fidalgo Dom Quixote de la Mancha*, de Miguel de Cervantes (1547-1616). O livro conta a história de um nobre de meia idade que, de tanto ler histórias sobre cavalaria, enlouquece e resolve sair pelo mundo em busca de aventuras e em defesa dos ideais cavaleirescos. Ao longo dessas aventuras, o protagonista envolve-se em muitas situações tragicômicas, sempre ao lado de seu fiel escudeiro, Sancho Pança; montado em seu cavalo, Rocinante, e motivado pelo amor idealizado por uma camponesa, a quem Dom Quixote via como uma dama da nobreza e, por isso, chamava-a de Dulcinea del Toboso. O propósito de Cervantes era, por intermédio do humor que permeava a narrativa das malsucedidas aventuras de Dom Quixote, ridicularizar a nobreza.

1.2.7 O MOVIMENTO NA ALEMANHA, NA FRANÇA E NA INGLATERRA

Em territórios que atualmente constituem parte da Alemanha, o movimento renascentista manifestou-se de forma mais intensa nas pinturas de artistas como Albrecht Dürer (1471-1528) e Hans Holbein (1497-1543). O primeiro ficou conhecido, entre outras razões, por se utilizar de várias técnicas de impressão na composição de suas obras (tais como a xilogravura e a aquarela). Já Hans Holbein, o Jovem (1497-1543), destacou-se principalmente por pintar personalidades influentes do meio socioeconômico e político da Alemanha da época.

Na França, segundo o historiador Michelet (1855), o ideário renascentista expandiu-se quando já se encontrava em declínio na Itália. Em território francês, encontramos expressões da cultura renascentista na escultura de Jean Goujon (1510-1572) e de Michel Colombe (1430-1513); expressão mais notável ainda verifica-se na pintura, com

Andréa Maria Carneiro Lobo e José Roberto Braga Portella

destaque para Jean Fouquet (1420-1481), cujo estilo foi aperfeiçoado após uma viagem pela Itália em que conheceu a obra de mestres do *Quattrocento*, como Fra Angelico e Piero della Francesca.

Figura 1.10 – *Madona com o menino e anjos*, de Jean Fouquet

FOUQUET, J. **Madona com o menino e anjos**. ca. 1452. Óleo sobre madeira, tábua esquerda de díptico: color.; 94,5 × 85,5 cm. Museum voor Schone Kunsten, Antuérpia, Bélgica.

Na literatura, o autor mais influente do Renascimento na França é François Rabelais (1494-1553). Em sua pentalogia intitulada *Gargântua e Pantagruel*, ele narra as aventuras de dois gigantes, pai e filho, amantes dos prazeres da carne e da boa comida. Valendo-se da sátira, ataca os costumes de seu tempo, as convenções medievais, a cavalaria e a rigidez do pensamento, além de tecer críticas à Igreja. Apesar de terem se popularizado na França, seus escritos foram proibidos pela Universidade de Sorbonne, que considerou seu conteúdo obsceno. Entre os franceses, a crítica à intolerância religiosa foi tema recorrente também nas obras do filósofo Michel de Montaigne (1533-1592).

Na Inglaterra, o humanismo e as demais tendências do pensamento renascentista se manifestaram mais tardiamente e com mais intensidade na literatura, com destaque para Thomas More (1478-1535) e William Shakespeare (1564-1616).

Escrito em 1516, o livro _Utopia_, de Thomas More, caracteriza-se pela idealização de uma comunidade fraternal, harmoniosa, sem guerras ou injustiças sociais. Seus membros trabalham felizes, motivados pela fartura dos bens materiais, e o governo, extremamente centralizado, controla o poder orientado por uma concepção racional de justiça.

Autor de peças teatrais – tragédias, dramas e comédias – e sonetos, William Shakespeare é considerado, por um lado, um dos grandes expoentes do Renascimento na Inglaterra e, por outro, o precursor de uma nova tendência artística: o barroco. Em seus textos, explorou com maestria as intempéries do espírito humano, sempre à mercê de forças caóticas – como a natureza e o destino –, que põem à prova suas bases morais e desestruturam sua racionalidade. Entre suas principais peças, destacam-se _Hamlet_, _Romeu e Julieta_, _Macbeth_ e _Sonho de uma noite de verão_. Em suas obras, o dramaturgo ultrapassa os temas clássicos do humanismo renascentista, evocando problematizações acerca do que é universal entre os seres humanos.

As mudanças técnicas ocorridas no bojo do processo do renascimento artístico, bem como a expansão da navegação oceânica – eventos que marcaram os séculos XV e XVI –, inserem-se também no contexto de uma verdadeira revolução ocorrida nessa época: uma

Andréa Maria Carneiro Lobo e José Roberto Braga Portella

revolução no conhecimento, uma revolução científica, caracterizada por mudanças substanciais na forma como os estudiosos passaram a conceber a natureza, o homem e Deus. É sobre isso que discorreremos na próxima seção.

1.2.8 O RENASCIMENTO CIENTÍFICO E A REVOLUÇÃO CIENTÍFICA

O Renascimento científico desenvolveu-se no bojo dos avanços técnicos, científicos e teóricos ocorridos ainda durante o Renascimento artístico no Ocidente, e estendeu-se entre os anos de 1450 e 1600. Foi marcado pela prática humanista de recuperação, edição, tradução e comentário de textos da Antiguidade Clássica – notadamente os relacionados à matemática e à filosofia natural.

Além do Renascimento científico, epistemólogos e teóricos da ciência reconhecem o desenvolvimento de uma verdadeira revolução no campo científico, ocorrida entre os séculos XV e XVII. Trata-se de um processo de mudança e deslocamento das filosofias naturais vigentes até então: as noções sobre o conhecimento ampliaram-se em consequência de uma revalorização do papel das atividades práticas, assim como de seus métodos e ferramentas. Observa-se, então, além da elaboração de teorias que modificariam sobremaneira as concepções físico-naturais sobre o cosmos, um fervilhamento de conhecimentos práticos e teóricos, em conjunto com: a expansão da navegação oceânica e da cartografia; o advento de novas noções arquitetônicas, que se manifestaram tanto em habitações quanto em fortificações; o aprimoramento proporcionado por novas técnicas de mineração, metalurgia e química.

Nesta subseção, abordaremos esse processo, conhecido como *revolução científica moderna*. No entanto, antes de dissertarmos sobre os eventos que marcaram essa revolução, é importante comentar esse conceito.

O sentido aqui atribuído ao termo *revolução científica* ampara-se nos estudos do epistemólogo norte-americano Thomas Kuhn (1922-1996). Segundo Kuhn (1978) afirma em sua obra *A estrutura das revoluções científicas*, podemos conceber a estrutura do desenvolvimento da ciência com base em três conceitos: ciência normal, paradigma e revolução científica.

Por *ciência normal* esse filósofo da ciência entende as pesquisas e os resultados reconhecidos por uma comunidade científica por certo período, registrados em manuais e livros. Esses estudos alimentam os fundamentos da prática investigativa dessa comunidade, na medida em que definem os valores, as práticas, os problemas e as hipóteses consideradas legítimas e aceitas. Kuhn (1978) denomina *paradigma* o conjunto desses valores estabelecidos, aceitos e partilhados.

Uma teoria científica torna-se um paradigma quando todos os membros de uma comunidade científica reconhecem os mesmos padrões, as mesmas regras em seu fazer científico, de forma que toda ciência se caracteriza pela adoção de paradigmas, como consequência do amadurecimento de suas teorias. São exemplos de paradigmas a noção de movimento oriunda do pensamento aristotélico e o modelo cosmológico de Ptolomeu, na Antiguidade, e a mecânica de Isaac Newton, a partir do século XVIII.

A ciência normal, amparada em paradigmas, estrutura-se em torno de uma tríade de problemas:

1. a problematização de questões significativas que revelam a natureza das coisas (no sentido de ampliar o conhecimento sobre elas);

2. a análise dos fenômenos associados àquilo que os paradigmas predizem (para aumentar a concordância entre a natureza e a teoria científica sobre ela);

3. o desenvolvimento de trabalho empírico para a determinação de leis universais (mediante a determinação de constantes universais).

No entanto, segundo Kuhn (1978), de tempos em tempos, ocorrem **problemas extraordinários**, os quais surgem como anomalias, como questões para as quais a ciência normal, por meio dos seus paradigmas, não encontra respostas. Ao se acumularem, essas anomalias podem ocasionar uma **crise dos paradigmas** vigentes, processo esse que pode levar os cientistas a desenvolver novas hipóteses, novos procedimentos, de modo que se instaura, da crise do paradigma anterior, o desenvolvimento de novos paradigmas. Esse processo é denominado *revolução científica* (Kuhn, 1978).

Podemos afirmar que na Europa, entre os séculos XV e XVI, ocorreu uma verdadeira revisão de paradigma no que diz respeito à concepção de mundo adotada pela ciência até aquele momento. Esse processo envolveu mais do que a mudança e o deslocamento das filosofias naturais então vigentes.

O evento central dessa revolução foi a publicação da **teoria heliocêntrica** do físico e astrônomo polonês Nicolau Copérnico (1473-1543). Ao propor o heliocentrismo, Copérnico demonstrou, segundo Kuhn (1978), que a ciência não progride necessariamente por meio da acumulação de fatos e do refinamento das teorias, mas por revoluções que abalam o paradigma anterior. Tal constatação possibilitou a Kuhn questionar como se efetiva o progresso científico, abordando o tema em suas obras *A revolução copernicana*, de 1957, e *A estrutura das revoluções científicas*, publicada pela primeira vez em 1962.

Passemos, então, a tratar do contexto em que se deu a chamada *revolução copernicana* e o desenvolvimento da teoria heliocêntrica na Idade Moderna, bem como dos desdobramentos dessa revolução para o pensamento científico subsequente.

O contexto socioeconômico da revolução copernicana

O desenvolvimento econômico experimentado por algumas regiões europeias, como França, Inglaterra, Portugal, Espanha e Itália, impulsionou não apenas uma reavaliação dos valores culturais então correntes, mas, também, a adoção de uma nova visão sobre o conhecimento. Até meados do século XII, o saber era voltado à contemplação (o olhar com atenção, com admiração) – de Deus, da natureza e da condição humana. A partir do século XIII, porém, com o advento do humanismo, passou-se a defender a necessidade de um saber ativo, dedicado à compreensão da natureza por parte do homem. Ampliar o conhecimento humano sobre a natureza tornou-se algo necessário à manifestação da imensa capacidade criativa do homem e uma forma de melhorar as condições da vida material, conforme destaca Lara (1986, p. 30-31): "O homem atira-se sobre a natureza para, revigorado, centrar-se em si. Propiciam-se dessa maneira novas abordagens da mesma, como métodos mais empíricos e precisos. Francis Bacon e Galilei devem ser aqui recordados".

Diferentes linhas de pesquisa – notadamente aquelas voltadas ao funcionamento dos organismos vivos, à extensão e à configuração de continentes e oceanos, ao movimento dos astros, e às reações dos componentes químicos presentes nas substâncias – passaram a ser estimuladas pelo desejo de ampliar o controle humano sobre a natureza por meio do conhecimento teórico sobre seus processos e do aprimoramento técnico como forma de intervir em favor do homem.

Nascia, assim, em algumas universidades europeias, a semente da **investigação científica moderna**.

O desenvolvimento científico, portanto, aprimorou as técnicas de intervenção humana sobre a natureza. O olhar metódico sobre a natureza exigia que os fenômenos observados resultassem em dados exatos, fato que propiciou a **matematização** das ciências, isto é, a matemática constituiu-se como linguagem oficial da expressão do resultado das pesquisas científicas.

Matematizou-se, desse modo, o espaço: criaram-se mapas e coordenadas para facilitar a localização geográfica das grandes embarcações que enfrentavam os oceanos. Matematizou-se, também, o tempo, que, a partir do século XV, não era mais contado com base na posição do Sol ou nas badaladas dos sinos, mas pelo tique-taque intermitente dos relógios – fossem eles de bolso (invenção do século XV), fossem os enormes relógios públicos instalados nas praças das grandes cidades europeias da época.

Para saber mais

Observe a Figura 1.11, a seguir, que retrata o primeiro relógio público de Paris. Construído no final do século XIV (entre 1370 e 1371), o relógio é parte integrante da Tour de l'Horloge [Torre do Relógio], situada na Conciergerie, no interior da Île de la Cité, em frente à Pont au Change [Ponte do Câmbio]. Construído por Henri de Vic, desde 1472 o objeto tem um quadro exterior. Em 1585, sob o reinado de Henri III, foi substituído pelo relógio de Germain Pilon. Foi objeto de inúmeras restaurações e funciona perfeitamente até a atualidade.

Figura 1.11 – Relógio da Tour de l'Horloge, Paris

O nascimento da ciência moderna, portanto, está associado aos desdobramentos do pensamento humanista e ao contexto de mudanças políticas, econômicas e sociais que ocorreram na Europa no século XV. Entre essas mudanças, podemos elencar:

- A expansão comercial e marítima de Estados europeus, associada à exploração dos territórios "descobertos" – na África, na Ásia e na América –, sigfinificou um novo alento à economia do continente: mais metais preciosos para cunhar moedas; comércio mais intenso; melhor desenvolvimento de manufaturas; mais bancos; mais casas de câmbio e uma economia monetária mais fortalecida. A riqueza passou a circular em um ritmo cada vez mais rápido, determinando a aceleração do ritmo de trabalho (nas oficinas, nas feiras, nas plantações, nas instituições financeiras etc.).

- O contato com outros povos – possibilitado pelas navegações e pelos descobrimentos – desestabilizou, de certa forma, o modo como os europeus até então concebiam sua própria realidade. Motivou, também, a busca por um conhecimento mais exato sobre a natureza, para melhor compreender seus processos. Era necessário saber se localizar nos oceanos, conhecer as características climáticas dos continentes e investigar a posição dos astros para poder navegar com segurança. Isso fomentou a gestação de saberes práticos ligados à geografia, à matemática e à astronomia, por exemplo.

- Os saberes relacionados aos processos da natureza precisavam ser expressos de tal modo que possibilitassem uma compreensão exata, segura e universal dos fenômenos observados. Por isso, os dados percebidos pela observação prática passaram a ser estudados e transformados em informações matemáticas. Um exemplo disso foi a definição das coordenadas geográficas – estratégia que facilitou a localização das navegações nos oceanos.

- O tempo foi matematizado: como mencionamos anteriormente, por meio dos enormes relógios públicos instalados nas cidades ou dos pequenos relógios de bolso, inventados em 1500, passou a ser medido de forma precisa e intermitente, definindo o ritmo da vida das pessoas pelo ritmo do trabalho de geração e circulação de riquezas.

À medida que, em busca de respostas para os desafios impostos pelo processo de expansão do capitalismo comercial, o olhar europeu se voltava para a natureza, para os astros e para o modo como eram administrados as cidades e os reinos, antigos saberes passaram a ser questionados, assim como os valores nos quais eles eram embasados.

Esses saberes diziam respeito à ordem que cada elemento – natural, material ou sobrenatural – deveria ocupar no cosmos. No alto dessa hierarquia se encontrava a dimensão celeste, onde reinavam Deus, os anjos e os santos. Abaixo estava o mundo sensível, a natureza e seus mistérios. Por fim, em uma dimensão intermediária entre esses dois níveis situava-se o mundo edificado pelo ser humano.

Contraverter esse ordenamento era como fazer objeção aos preceitos defendidos pela Igreja católica, algo que, segundo o que defendia essa instituição, seria equivalente a questionar o próprio Deus. Por outro lado, a experiência de navegadores, exploradores, teóricos e mercadores entrava em confronto com tal posicionamento.

Por defenderem e tentarem provar suas convicções, cientistas e filósofos (como Galileu Galilei e Giordano Bruno) foram acusados de crimes contra a religião – alguns, como Bruno, foram condenados à morte. Entre essas convicções, destaca-se a teoria heliocêntrica.

Do geocentrismo ao heliocentrismo

Observe com atenção o documento reproduzido na Figura 1.12. Trata-se de um modelo geocêntrico do cosmos. Nesse modelo, já presente no diálogo *Mito de Er*, do filósofo Platão, e aperfeiçoado primeiramente por Aristóteles, no século IV a.C., e depois por Ptolomeu de Alexandria, no século II da nossa era, a Terra era o centro de um sistema de oito órbitas circulares. Estas eram representadas pelos seguintes corpos celestes: Lua, Mercúrio, Vênus, Sol, Marte, Júpiter, Saturno e as estrelas A concepção geocêntrica de universo era considerada oficial pela Igreja católica, ainda no princípio do século XV.

Andréa Maria Carneiro Lobo e José Roberto Braga Portella

Figura 1.12 – Modelo geocêntrico ptolomaico

O modelo geocêntrico foi uma das possíveis respostas dadas pelos sábios da Antiguidade para explicar o cosmos. A olho nu, esses sábios conseguiam visualizar, além do Sol, da Lua e das estrelas, apenas cinco planetas: Mercúrio, Vênus, Marte, Júpiter e Saturno. Essa explicação, posteriormente, tornou-se a base da compreensão cosmológica medieval, pois foi acatada pela Igreja e não podia ser contestada. No entanto, mesmo para os que acreditavam nesse modelo, havia problemas: uma observação mais atenta demonstrou que os planetas nem sempre se moviam em órbitas circulares. Por isso, teorias foram propostas para justificar esses "movimentos estranhos", de modo que eles não entrassem em contradição com a ideia de uma Terra imóvel no centro do universo.

No mundo árabe-muçulmano, o interesse pelo conhecimento dos astros motivou o desenvolvimento de instrumentos ópticos destinados à observação celeste, que se difundiram pela Europa ainda na Idade Média. O uso desses instrumentos, aliado às teorias de alguns filósofos, fez surgir a tese de que a Terra se movia, mas como isso parecia absurdo para a mentalidade dominante, tais suposições caíram no esquecimento.

Outra teoria levantada ainda na Antiguidade e igualmente contestada pelo pensamento cristão medieval sugeria que a Terra era redonda. Tal ideia ganhou força com o expansionismo marítimo. Um dos primeiros exploradores a insistir nessa hipótese foi o explorador genovês Cristóvão Colombo (1451-1506), que defendeu, perante os reis da Espanha, em 1492, ser possível chegar ao Oriente (às Índias) navegando sempre pelo Ocidente, por conta da esfericidade da Terra. Entretanto, o navegador, que sofreu represálias da Igreja na época, não conseguiu realizar tal façanha.

Foi somente com o navegador português Fernão de Magalhães (1480-1521) que a primeira viagem de circum-navegação da Terra foi levada a cabo, entre 1519 e 1521. Como Magalhães morreu no decorrer desse período, sua aventura foi completada por outro navegador, o basco Juan Sebastián Elcano (1476-1526). A esfericidade do planeta foi, então, certificada.

A possibilidade de reis e mercadores ampliarem seu poder e suas riquezas graças à exploração de territórios além-mar fez aumentar ainda mais o interesse pela investigação criteriosa, racional e crítica da realidade. Tal tendência havia sido inaugurada pelo humanismo e vinha ganhando cada vez mais adeptos nas cortes, nas universidades e até mesmo no interior da Igreja. Foi em decorrência dessas demandas que se desenvolveu o **conhecimento científico moderno**.

Andréa Maria Carneiro Lobo e José Roberto Braga Portella

Inicialmente, esse conhecimento esteve voltado, basicamente, à tentativa de compreender os processos naturais e cósmicos por meio de explicações racionais, amparadas em experimentos práticos e expressas em verdades matemáticas. Por isso, além da matemática, as ciências que mais se desenvolveram nesse período foram a geografia, a física, a química e a astronomia. É nesta última, contudo, que encontramos alguns dos maiores expoentes da revolução científica ocorrida na Europa entre os séculos XVI e XVII.

Como aludimos anteriormente, a hipótese de que a Terra não ocupava, imóvel, o centro do universo já tinha sido levantada na Antiguidade por estudiosos como Filolau de Crotona (ca. 470 a.C.-ca. 385 a.C.) e Aristarco de Samos (ca. 310 a.C.-ca. 230 a.C.). O primeiro havia declarado que a Terra girava em torno de um "fogo central", o qual ele não acreditava ser o Sol, mas uma espécie de substância primordial responsável pelo ordenamento do cosmos. Já Aristarco defendia a teoria de que a Terra e os demais planetas se moviam ao redor do sol, mas não sabia explicar como.

No entanto, a teoria geocêntrica de Ptolomeu pareceu, por muitos séculos, mais convincente que as demais, até que, no século XVI, o astrônomo polonês Nicolau Copérnico manifestou, em seu livro intitulado *Sobre as revoluções das órbitas celestes* – publicado somente no ano de sua morte, em 1543 –, uma tese resultante de anos de pesquisa: a Terra e os demais planetas se movem ao redor do Sol – o centro do sistema – em órbitas circulares. O físico Marcelo Gleiser (1997, p. 104) assim comenta a descoberta de Copérnico:

> *O sistema de Copérnico explicava naturalmente as diferenças entre os períodos orbitais dos planetas: quanto mais longe do Sol, mais tempo é necessário para que o planeta complete sua revolução. Ele concluiu que, afinal, é possível encontrarmos uma explicação simples para o arranjo do cosmo [...], uma harmonia no movimento e dimensão das órbitas!*

O conceito de *órbita* permitiu esclarecer a questão da movimentação dos planetas. O modo como Copérnico chegou a essa conclusão forneceu as evidências necessárias para que a ideia fosse aceita por outros estudiosos interessados na compreensão da dinâmica do cosmos. Sua teoria recebeu o nome de *heliocentrismo* e foi considerada uma das mais importantes descobertas científicas da Modernidade, uma verdadeira mudança de paradigma.

Apesar de sua importância e do impacto que causou, a obra de Copérnico foi considerada herética pela Igreja em 1616. Isso, porém, não impediu que outros cientistas, inspirados em sua teoria, manifestassem o interesse de desvendar, criticamente, os muitos mistérios do universo. Dentre eles, destacaram-se, além de Giordano Bruno e Galileu Galilei, Tycho Brahe (1546-1601) e Johanes Kepler (1571-1630).

Giordano Bruno

O filósofo italiano Giordano Bruno chegou a ser ordenado sacerdote pela Ordem dos Pregadores. Em 1575, recebeu o título de doutor em Teologia. Porém, por causa de suas ideias, foi acusado de heresia e teve de abandonar a ordem religiosa da qual era membro. Passou a ensinar no norte da Itália, de onde teve de fugir, primeiro para a Suíça, depois para Inglaterra, França e Alemanha, tudo em virtude do teor crítico de seus ensinamentos. Voltou a Veneza e, em 1592, foi acusado de heresia e preso pelo Tribunal do Santo Ofício. Após sete anos encarcerado, recusou-se a abjurar de suas ideias, e foi, por isso, condenado à morte na fogueira, em 1600.

Que ideias eram essas consideradas tão perigosas?

Inspirado no heliocentrismo de Nicolau Copérnico e em teorias de filósofos gregos da Antiguidade, Bruno contestava a teoria de um universo finito – que era considerada oficial na Europa desde Aristóteles.

Andréa Maria Carneiro Lobo e José Roberto Braga Portella

O filósofo italiano defendia, portanto, a existência de um **universo imensurável**, povoado de incontáveis planetas, algo orgânico, que se manifestava na dinâmica da transformação constante das coisas. O também teólogo pregava que Deus era onipresente, o princípio ativo de todas as coisas. Para ele, portanto, Deus e as coisas seriam partes de uma mesma dinâmica – aspectos diferentes de uma única substância. Tal concepção ia contra alguns dos principais dogmas da Igreja católica, em uma época em que esta enfrentava forte oposição no cenário europeu em decorrência do surgimento das primeiras religiões protestantes.

Tycho Brahe

Nascido em Skane, província antigamente situada na Dinamarca (e hoje parte da Suécia), Tycho Brahe era de origem nobre e realizou importantes descobertas científicas no campo da astronomia.

Convencido de que existiam erros nas teorias de seus antecessores, dedicou-se a estudar atentamente os **movimentos dos corpos celestes** por meio de observatórios e esferas rotativas. Após catalogar inúmeras estrelas, percebeu, em 1572, que em certa constelação havia uma estrela ainda mais brilhante que o planeta Vênus, o que o levou a acreditar que se tratava de uma "nova estrela". Na verdade, era uma estrela que tinha explodido (e, por isso, aparecia mais brilhante) e que foi denominada *supernova*. Sua teoria, publicada em 1573, questionava a concepção, vigente desde Aristóteles, de que nada mudava no céu.

Com a morte do rei Friedrich II (1534-1588) e a subida ao trono de Christian IV (1577-1648), Tycho foi obrigado a se mudar, com seus assistentes e seus equipamentos, para um castelo em Benátky, perto de Praga (na atual República Tcheca), onde recebeu um convite do então imperador Rudolf II (1552-1612) para se tornar o astrônomo e matemático oficial da corte. Com sua morte, em 1601, seus estudos foram continuados pelo seu mais destacado assistente: Johannes Kepler.

Johannes Kepler

Natural da região da Suábia, Alemanha, Johannes Kepler cursou Teologia na Universidade de Tubinga. Entre 1594 e 1600, viveu na Áustria, onde respondia pela cátedra de astronomia e matemática na Universidade de Graz. Em virtude de suas concepções religiosas, teve que deixar a cidade de Graz e mudar-se para Praga, onde conheceu Tycho Brahe (Gleiser, 1997).

Orientado pelo mestre a estudar a órbita de Marte, Kepler foi além: propôs-se a descobrir a causa dos movimentos dos planetas. O astrônomo relutava em atribuir essa causa a uma substância divina ou orgânica: pretendia identificar uma causa física. E conseguiu: demonstrou, por meio de cálculos que envolviam operações matemáticas e geometria, que a força responsável pela movimentação dos astros era uma espécie de magnetismo.

Em seu tratado intitulado *Astronomia nova* (1609) publicou duas leis que representavam algumas de suas mais importantes conclusões sobre as órbitas dos planetas. A **Primeira Lei de Kepler** enuncia que a órbita em torno da qual os planetas giram ao redor do Sol é elíptica, e não circular, como acreditava Copérnico. A **Segunda Lei de Kepler** referia-se à órbita do Sol e demonstrava, por meio de complexos cálculos matemáticos, que os planetas mais próximos do astro se moviam mais rapidamente do que aqueles mais distantes da órbita solar.

Em 1618, apresentou, na obra *Harmonia mundial*, sua **Terceira Lei**, referente à orbita dos planetas. Segundo essa lei, quanto maior a distância entre um corpo celeste e o centro do planeta em torno do qual ele orbita, mais tempo esse corpo leva para realizar o movimento.

Andréa Maria Carneiro Lobo e José Roberto Braga Portella

Kepler escreveu mais dois importantes livros: *Epítome da astronomia copernicana* (1621), sobre os princípios de astronomia de Copérnico, e *Tabelas rudolfinas* (1627), no qual, com base nos estudos organizados por Brahe, corrigiu as informações presentes nas tabelas sobre os movimentos dos planetas (Gleiser, 1997).

Galileu Galilei

Galileu Galilei nasceu na cidade de Pisa, na Itália, e após estudar quatro anos de Medicina na Escola de Artes da cidade, deixou o curso por causa do seu interesse em matemática. Em 1589, tornou-se professor dessa ciência na Universidade de Pisa. Essa função possibilitou ao estudioso realizar uma série de experimentos no campo da física e, mais especificamente, na área da mecânica.

Em 1604, elaborou a **Lei da queda livre dos corpos**, que se contrapunha a postulados aristotélicos até então amplamente aceitos. Segundo a visão aristotélica, quanto mais pesado um corpo, mais rapidamente ele tende a retornar à sua posição de repouso em virtude de uma tendência natural de retorno dos corpos para a terra. Galileu Galilei demonstrou que dois corpos de pesos diferentes, se lançados de uma mesma altura, tendem a atingir o chão no mesmo tempo.

Em 1609, teve conhecimento de uma invenção holandesa: a luneta. Aperfeiçoou esse invento, criando seu próprio instrumento de observação, com lentes capazes de aumentar em 20 vezes o tamanho da visualização dos corpos celestes. O uso da luneta permitiu a Galileu descobrir as depressões e crateras lunares, as fases de Vênus, as manchas solares e a existência das cinco luas de Júpiter – fato que comprovava a hipótese de que o universo não contém somente um centro.

Suas posições pessoais e seus interesses acadêmicos começaram a se chocar com o ambiente universitário que frequentava. Resolveu, então, continuar seus estudos de forma independente, em Florença. Nessa cidade, escreveu duas de suas obras mais importantes: *O ensaiador* (1623) e *Diálogo sobre os dois maiores sistemas* (1632). Nelas, criticava veementemente a concepção geocêntrica de mundo, afirmando ser essa concepção insustentável. Também começou a se manifestar abertamente contra o domínio da Igreja no tocante a questões cosmológicas, propondo-se a explicar, de modo superior ao das autoridades eclesiásticas, os fenômenos astronômicos, ainda que suas teorias contrariassem os preceitos presentes nas sagradas escrituras.

Em 1632, Galileu foi acusado pelo Santo Ofício por crimes contra a Igreja. Condenado pelo tribunal em 1633, foi obrigado negar suas concepções e assinar uma carta de abjuração para não ser queimado como herege. Sua pena foi substituída pelo confinamento perpétuo em sua casa. Foi, ainda, proibido de continuar a divulgar suas teorias ou de realizar e publicar outros estudos. Apesar disso, continuou a trabalhar e a escrever clandestinamente até sua morte, em 1642. Em 1992, a Igreja católica, representada pelo Papa João Paulo II, pediu desculpas e absolveu o astrônomo do crime de heresia, 350 anos depois da acusação (Gleiser, 1997).

Finalizamos a Seção 1.2 destacando que a revolução científica pode ser concebida como um processo marcado pela mudança de paradigmas científicos em relação às concepções anteriormente organizadas por uma filosofia natural, e da qual resultou a transformação, o reordenamento e a especialização das ciências a partir de fins do século XVII.

Andréa Maria Carneiro Lobo e José Roberto Braga Portella

(1.3)

AS REFORMAS RELIGIOSAS

Nesta seção, abordaremos a Reforma Protestante e a Contrarreforma. Iniciaremos nossa explanação pela análise dos movimentos de contestação a determinados dogmas e práticas da Igreja católica, ocorridos entre os séculos XII e XIII, e que foram caracterizados como heréticos pelas autoridades eclesiásticas. Exploraremos o movimento dos cátaros, contra os quais a Igreja moveu uma verdadeira cruzada na região de Albi, no sul da França.

Na sequência, apresentaremos as ações que culminaram na instituição da inquisição na Europa – ferramenta criada no século XIII para coibir e reprimir o avanço de movimentos como o dos cátaros e o dos valdenses. Apresentaremos também as primeiras tentativas de reforma (anteriores a Lutero), como a movimentação promovida por John Wycliffe e a proposta reformista de Jan Hus.

Finalmente, destacaremos conteúdos referentes às reformas luterana, calvinista e anglicana, encerrando com a Contrarreforma.

1.3.1 ANTECEDENTES: AS "HERESIAS" MEDIEVAIS

Reforma é a designação atribuída ao movimento que culminou com a ruptura da hegemonia da Igreja católica no Ocidente europeu a partir de meados do século XVI, processo do qual emergiram as chamadas *religiões protestantes*.

As primeiras tentativas de contestação dos dogmas da Igreja católica e de proposição de novas maneiras de se interpretar a doutrina cristã são, contudo, bem mais antigas, e remontam aos princípios do cristianismo primitivo. Tais manifestações foram caracterizadas como **heresias**. A palavra *heresia* é originada do latim *haeresis*, que vem do grego *haíresis*, cujo significado aproximado seria algo como "capacidade de escolher". Em suas origens etimológicas, a palavra *heresia* significava tão somente a escolha livre de determinada forma de pensamento, doutrina ou filosofia.

Em que pese à sua origem, o termo foi apropriado pela Igreja católica e sofreu diferentes interpretações, desde os primórdios do cristianismo, entre os séculos I e IV – período em que se destacam os escritos dos chamados *pais da Igreja* (também conhecidos, por isso, como *patrísticos*) –, passando pela obra de Santo Agostinho (354 a.C.-430 d.C.) e de São Tomás de Aquino (1225-1274) e pela bula papal que criou o Tribunal do Santo Ofício (séc. XIII), até o auge das perseguições católicas aos chamados *hereges*.

Um documento da época, o *Directorium inquisitorum*, também conhecido como *Manual do inquisidor*, publicado por volta de 1376 pelo teólogo e inquisidor catalão Nicolas Eymerich, revisto e ampliado por Francisco de La Peña em 1578, define *herege* como aquele que se opõe aos artigos de fé (dogmas) da Igreja ou têm opiniões divergentes em relação a eles.

Nicolas tipifica os hereges em três grupos: **pertinazes, penitentes e relapsos.**

Chamam-se hereges pertinazes e impenitentes aqueles que interpelados pelos juízes, convencidos de erro contra a fé, intimados a confessar e abjurar, mesmo assim não querem aceitar e preferem se agarrar obstinadamente aos seus erros. Estes devem ser entregues ao braço secular para serem executados.

Chamam-se hereges penitentes os que, depois de aderirem intelectual e efetivamente à heresia, caíram em si, tiveram piedade de si próprios, ouviram a voz da sabedoria e abjurando dos seus erros e procedimentos, aceitaram as penas aplicadas pelo bispo ou pelo inquisidor.

Andréa Maria Carneiro Lobo e José Roberto Braga Portella

Denominam-se hereges relapsos os que, abjurando da heresia e tornando-se por isso penitentes, reincidem na heresia. Estes, a partir do momento em que a recaída fica plena e claramente estabelecida, são entregues ao braço secular para serem executados, sem novo julgamento. Entretanto, se se arrependem e confessam a fé católica, a Igreja lhes concede os sacramentos da penitência e da Eucaristia. (Eymerich, 1993, p. 3)

Além disso, o autor especifica quais os comportamentos permitiriam aos cristãos reconhecer um herege:

Também é herege:

a. *Quem pratica ações que justifiquem uma forte suspeita (circuncidar-se, passar para o islamismo...);*

b. *Quem for citado pelo inquisidor para comparecer e não comparecer, recebendo a excomunhão por um ano inteiro;*

c. *Quem não cumprir a pena canônica, se foi condenado pelo inquisidor;*

d. *Quem recair numa determinada heresia da qual abjurou ou em qualquer outra, desde que tenha abjurado;*

e. *Quem, doente mental ou saudável – pouco importa –, tiver solicitado o "consolamento".*

Deve-se acrescentar a esses casos de ordem geral: quem sacrificar aos ídolos, adorar ou venerar demônios, venerar o trovão, se relacionar com hereges, judeus, sarracenos etc.; quem evitar o contato com fiéis; for menos à missa do que o normal; não receber a eucaristia nem se confessar nos períodos estabelecidos pela Igreja; quem, podendo fazê-lo, não faz jejum nem observa a abstinência nos dias e períodos determinados etc. [...] Zombar dos religiosos e das instituições eclesiásticas, em geral, é um indício de heresia. [...] Existe indício exterior de heresia toda vez que houver atitude ou palavra em desacordo com os hábitos comuns dos católicos. (Eymerich, 1993, p. 4)

Entre os séculos XII e XIV, muitos foram os movimentos de contestação à Igreja católica considerados heréticos. Seus líderes e seguidores foram perseguidos e mortos com o aval ou ordem de autoridades eclesiásticas. Dentre esses movimentos, dois tiveram maior intensidade, provocando reação por parte da Igreja: os **valdenses** e os **cátaros**. Na sequência, explicitamos, alguns dos aspectos constitutivos desses movimentos e por que eles suscitaram a reação da Igreja católica.

Os valdenses

Segundo a historiadora Laura Maria Silva Thomé (2004), o movimento valdense nasceu na região de Lyon, na França, entre os séculos XII e XIII, a partir das pregações de um rico comerciante, Pierre Valdés (1140-1217). Em 1173, durante uma feira, após ouvir um artista de rua narrar a vida de Santo Aleixo, decidiu cumprir à risca os ensinamentos que defendiam o desapego material como fator primordial para a plena vivência do Evangelho.

Assim, retornou para casa e se desfez de grande parte de seus bens móveis, devolvendo os que tinha obtido indevidamente e doando uma parte considerável aos pobres e outra parte para suas filhas (como dote), além de enviá-las a um convento. Interessado em conhecer ainda mais os evangelhos e as pregações dos primeiros cristãos, procurou um tradutor e um escriba e encarregou-os de fazer uma versão em língua vulgar (provençal) de alguns livros dos primeiros pais da Igreja e dos Evangelhos. Passou, então, a viver e a pregar uma vida de pobreza voluntária, atraindo vários seguidores, que, seguindo seu exemplo, doaram o que possuíam e passaram a pregar em duplas. Em 1176, Valdés e seus pobres (como eram chamados) socorreram inúmeras vítimas de uma terrível fome que assolou a região.

Andréa Maria Carneiro Lobo e José Roberto Braga Portella

O bispo de Lyon colocou-os, então, sob interdição. O caso foi um dos assuntos tratados no III Concílio de Latrão (1179) pelo Papa Alexandre III. Conforme destaca Thomé (2004), durante esse concílio, o modo de vida e as pregações de Valdés foram aprovados, porém, eles só poderiam ser vivenciados com autorização prévia dos bispos e párocos locais. Os valdenses seguiram essa orientação por algum tempo, mas foram perseguidos pela Igreja oficial porque interpretavam livremente o Evangelho e recebiam influência de outro grupo de pregadores: os cátaros, considerados hereges.

Favoráveis a práticas como o batismo de adultos e a confissão mútua, os valdenses denunciavam que os sacramentos ministrados por padres não teriam valor, uma vez que o clero encontrava-se em pecado. Condenados pelo Sínodo de Verona (1184), os valdenses foram excomungados e submetidos a uma série de perseguições por parte da Igreja.

Os cátaros

Na segunda metade do século XII (em 1167), em quatro paróquias localizadas na região do Languedoque (Albi, Agen, Carcassonne e Toulouse), no sul da França, a doutrina católica oficial foi abandonada e os moradores da região – em sua maioria camponeses – começaram a seguir uma nova seita, passando ser chamados de *albigenses* e de *cátaros*. Segundo um pregador católico da Renânia, Egberto de Schönau, o termo teria origem no vocábulo grego *katharoi*, que significaria "os puros" (Ladurie, 1997).

Orientados por uma interpretação diferenciada dos escritos dos primeiros cristãos e por preceitos de religiões orientais (como o maniqueísmo), acreditavam na existência de uma luta constante entre o bem e o mal (forças cósmicas), e sustentavam que essa luta se manifestava também na condição humana, sendo o corpo o responsável pelo mal, e a alma, pelo bem. Interpretavam livremente os Evangelhos, desconsiderando as leis e doutrinas oficiais da Igreja católica, e defendiam a renúncia aos prazeres carnais e ao conforto material, enfatizando uma vida totalmente voltada à espiritualidade. Quanto à natureza de Cristo, negavam sua divindade e rejeitavam a eucaristia e a cruz como símbolos místicos. Contestavam, também, o dogma da Santíssima Trindade e opunham-se aos sacramentos oficiais da Igreja. Além disso, por ignorarem as autoridades eclesiásticas, criaram sua própria hierarquia religiosa, composta por "perfeitos", "crentes" e "ouvintes". Consideravam, por fim, o suicídio como manifestação da superioridade da alma sobre o corpo e não condenavam o sexo fora do casamento.

A repressão da Igreja católica não tardou: em 1198, o Papa Inocêncio III excomungou os bispos ligados ao catarismo. Em 1208, um enviado do pontífice foi assassinado por excomungar um nobre cátaro e, com isso, a perseguição ao grupo tornou-se mais violenta. Em 1209, em uma investida militar instigada pela Igreja, contra esses dissidentes, 7 mil foram assassinados; iniciou-se, assim, uma espécie de "cruzada interna" na Europa.

Entre as ilustrações (iluminuras) do livro *Grandes crônicas da França*, também conhecido como *Crônicas de Saint Denis,* datado do início do século XV, há uma representação da expulsão de cátaros de Carcassonne pelos cruzados, ocorrida em 1209 (Figura 1.13).

Figura 1.13 – Expulsão dos albigenses de Carcassonne

MESTRE DE BOUCICAUT. **Expulsão dos albigenses de Carcassonne**. Miniatura extraída do manuscrito *Grandes Chroniques de France*. ca. 1415. The British Library, Londres, Inglaterra.

Em 1231, o Papa Gregório IX assinou a bula *Excommunicamus*, que instituiu oficialmente o Tribunal do Santo Ofício, órgão eclesiástico incumbido da investigação, do julgamento e da condenação de crimes contra a religião. A partir de então, as delações, a tortura e a pena de morte na fogueira para investigar e punir as heresias consideradas mais graves foram institucionalizadas e legalizadas pela Igreja. Os membros do clero eram responsáveis pela investigação e pelo julgamento das heresias, cabendo às autoridades laicas a execução dos que eram considerados infiéis.

Alvos de uma verdadeira cruzada movida pela Igreja católica ao longo dos séculos XII, XIII e XIV, os cátaros foram duramente perseguidos e mortos.

> **Para saber mais**
>
> O livro *Montaillou: povoado occitânico (1294-1324)*, do historiador francês Emmanuel Le Roy Ladurie, publicado no Brasil pela editora Companhia das Letras, em 1997, trata do cotidiano dos habitantes (em sua maioria camponeses) de uma localidade situada na Occitânia (sul da França). Essa região foi alvo, no século XIV, de um processo canônico de acusação de heresia relacionada à adesão dos moradores às pregações de líderes religiosos cátaros. Graças à pesquisa empreendida por Ladurie sobre os relatos dos interrogatórios dirigidos contra os camponeses pelo inquisidor nomeado para a região, o bispo Jacques Fourier, o leitor tem acesso a detalhes do cotidiano e do imaginário daqueles aldeões, em um momento crítico da história do Ocidente: a verdadeira cruzada dirigida contra os albigenses.
>
> LADURIE, E. Le R. **Montaillou**: povoado occitânico (1294-1324). Tradução de Maria Lucia Machado. São Paulo: Companhia das Letras, 1997.

1.3.2 Tentativas de reforma: Wycliffe e Hus

As atitudes adotadas pela Igreja oficial a partir do século XIII continuaram a gerar inconformismo entre religiosos e intelectuais católicos. Embora premanecessem devotos do cristianismo e dos valores cristãos divulgados pela Igreja, esses teóricos e religiosos viram-se compelidos a contestar algumas posturas da instituição religiosa, pretendendo, com isso, renová-la, torná-la mais próxima das necessidades dos fiéis, menos apegada às riquezas, mais fiel aos valores originais do cristianismo primitivo e, ao mesmo tempo, mais sensível às mudanças que permeavam a Europa. Suas ideias originaram alguns dos últimos movimentos considerados heréticos, também conceituados como **pré-reformistas**.

Dentre os pré-reformistas, destacamos o inglês, doutor em Teologia, John Wycliffe (ca. 1330-1384), da Universidade de Oxford. Crítico da riqueza da Igreja e da corrupção instituída entre representantes do clero católico, o reformista defendia o retorno às escrituras e aos ensinamentos da Igreja primitiva, chegando até a traduzir a Bíblia para o inglês. A principal causa de sua condenação como herege foi o fato de ter rechaçado o dogma da transubstanciação (que alega a conversão do vinho e do pão no Sangue e no Corpo de Cristo na Eucaristia).

Suas ideias sobre a necessidade de submissão das autoridades eclesiásticas ao rei – expressas, sobretudo, na obra *Summa theologiae* – garantiram-lhe apoio entre as autoridades seculares, e isso evitou que ele fosse condenado à morte. Em outro livro, intitulado *Tractatus de civili dominio*, apresentou 18 teses em que aprofundava suas críticas ao papado (na época estabelecido em Avignon, na França) e à venda de indulgências. Seus seguidores, conhecidos como **lolardos**, eram fruto de sua influência em Oxford e rapidamente difundiram a nova doutrina, que tinha como base as ideias de Wycliffe sobre a eucaristia. A partir de 1382, foram perseguidos, sobrevivendo de forma clandestina até meados do século XV.

Hussistas é a designação dada aos adeptos do movimento que surgiu em torno da figura de Jan Hus, religioso oriundo da Boêmia, que ministrava aulas na Universidade de Praga, atual capital da República Tcheca.

Suas ideias assemelhavam-se às de John Wycliffe, mas tinham um caráter político, pois seus seguidores defendiam, também, a independência da região da Boêmia. Foi condenado à morte na fogueira pelo Concílio de Constança, em 1415. Sua morte, no entanto, não aplacou o movimento, que continuou crescendo e atraindo novos adeptos, que se envolveram em violentos conflitos com as tropas reais.

Figura 1.14 – Jan Hus sendo queimado vivo na fogueira em Constança, 1415

1.3.3 A Reforma Protestante

Segundo afirma o historiador francês Jean Delumeau (1923-), em seu livro *Nascimento e afirmação da Reforma* (1989), o argumento da imoralidade e dos abusos do clero, embora seja pertinente, é, em si, insuficiente para explicar o contexto que culminou com a Reforma

Protestante. Afinal, como destaca o autor, alguns desses abusos já estavam presentes no meio eclesiástico à época do Papa Gregório VII (1020-1085) e do teólogo São Bernardo de Claraval (1090-1153); no entanto, não suscitaram um movimento de ruptura tão profundo como o representado pela Reforma. Por outro lado, críticos das atitudes do clero católico, como Erasmo de Roterdã – que, em 1511, escreveu *Elogio à loucura* – não aderiram ao movimento.

Por isso, segundo Delumeau (1989), é preciso pensar o movimento reformista levando-se em conta uma tríade de elementos, os quais são enfatizados pelo protestantismo: (1) a **infalibilidade da Bíblia, somente**; (2) a **justificação da salvação pela fé**; e (3) o **sacerdócio universal**. A força da reforma pode ser entendida, também, sob a perspectiva da importância que esses elementos tiveram em um contexto marcado pela certeza da **presença da morte**, pela **ascensão do individualismo** e do **espírito laico** (na esteira do pensamento humanista), e pela **disseminação dos livros**, possibilitada pela invenção da imprensa, em 1450 (Delumeau, 1989).

Para saber mais

Em sua conhecida obra *Nascimento e afirmação da Reforma*, o historiador francês Delumeau problematiza o contexto social, político e econômico da Reforma Protestante na Europa, destacando os aspectos doutrinários enfatizados pelo protestantismo, bem como seu avanço na Alemanha, nos Países Baixos e na Boêmia.

DELUMEAU, J. **Nascimento e afirmação da Reforma**.
São Paulo: Pioneira, 1989.

A reforma luterana

Martinho Lutero (1483-1546) nasceu na cidade alemã de Eisleben, cursou Direito em Frankfurt, em cumprimento ao desejo de seu pai, mas durante sua formação dedicou-se também ao estudo dos textos bíblicos, especialmente do Novo Testamento. Em 1505, obteve o título de mestre em Filosofia e sagrou-se sacerdote pela Ordem dos Agostinianos, em 1507. Em 1512, com menos de 30 anos de idade, obteve o título de doutor em Teologia e passou a lecionar na Universidade de Wittenberg.

Durante suas aulas, manifestava seu posicionamento favorável à ideia de **salvação pelo mérito da fé**, e não das obras, mostrando-se crítico à prática católica de estimular os fiéis a fazerem doações materiais à Igreja como forma de atenuar suas culpas perante Deus. Segundo o historiador João Klug (1998), em seus sermões, Lutero deixava clara sua oposição à prática da coleta de indulgências (do latim *indulgentia, indulgeo*, "para ser gentil") – doações financeiras dos fiéis para a Igreja como forma de expiação dos pecados. A concessão de indulgências mediante doações materiais à Igreja não era novidade, mas acentuou-se ao longo dos séculos XV e XVI. Como exemplo, o historiador australiano Geoffrey Blainey (1930-) aponta que, em 1451, quando da construção da suntuosa Catedral de Speyer, na Alemanha, 50 sacerdotes se dispunham a ouvir confissões e perdoar os pecados dos fiéis em troca de dinheiro (Blainey, 2008). A prática, portanto, era estimulada durante o papado de Leão X, que se estendeu de 1513 a 1521, deixando como marca a transformação da sede do pontificado em um lugar de ostentação material e de luxo – financiadas, em parte, pelas indulgências (Klug, 1998).

Andréa Maria Carneiro Lobo e José Roberto Braga Portella

Figura 1.15 – Coleta de indulgências, xilogravura do século XVI

As ideias de Martinho Lutero ultrapassaram os limites do meio acadêmico: valendo-se da imprensa, ele passou a reproduzir, nas tipografias de Wittenberg, seus textos com interpretações sobre passagens do Evangelho. Os textos, entregues durante seus sermões, difundiam-se rapidamente entre a população letrada, atraindo simpatizantes às suas ideias acerca da venda de indulgências, dos sacramentos e da teoria da salvação pela fé. Em virtude disso, em 1517 desentendeu-se com Johann Tetzel (1465-1519), frade dominicano responsável pela coleta de indulgências na região. Ainda naquele ano, redigiu e afixou na porta da capela do Castelo de Wittenberg 95 teses em que expunha os argumentos e fundamentos de suas convicções religiosas. O episódio é considerado o marco simbólico da Reforma Protestante.

Lutero foi excomungado pelo Papa Leão X em 1520, e queimou o texto de sua excomunhão em público. Em virtude de seus posicionamentos, foi convocado pelas autoridades eclesiásticas a se apresentar a um tribunal, no qual seria julgado por suas ações, mas não compareceu. Em uma assembleia denominada *Dieta de Worms*, composta por todos os príncipes da Alemanha, foi acusado de heresia e passou a ser perseguido por autoridades eclesiásticas e seculares. Pregava e seguia publicando várias obras nesse período, como: *Do cativeiro babilônico da Igreja; Da liberdade cristã; Das boas obras; À nobreza cristã da nação alemã acerca do melhoramento do estamento cristão.*

Contou com a proteção de alguns príncipes alemães, que viam no possível rompimento com Roma um bom negócio, pois isso poderia reduzir a interferência do papa em seus domínios e, consequentemente, ampliar sua autonomia política e econômica. Entre esses nobres, havia o duque Frederico da Saxônia, também conhecido como Frederico, o Sábio, que acolheu e protegeu Lutero em seu castelo na região de Wartburg. No período em que permaneceu sob a proteção de Frederico, Lutero se dedicou integralmente à tradução do Novo Testamento para o alemão, a partir do original em grego.

Em 1525, casou-se com a ex-monja Catarina de Bora e, em 1529, publicou *Pequeno catecismo*, obra que trazia de forma sucinta e em linguagem acessível os principais fundamentos do reformismo evangélico. No ano de 1529, foi convocada uma nova <u>dieta</u>, sediada na cidade de Spira. Nela, ficou estabelecido que os preceitos luteranos seriam permitidos nas regiões em que os príncipes fossem a eles favoráveis e proibidos no restante da Alemanha. Por protestarem contra essa decisão, Lutero e seus seguidores passaram a ser conhecidos como *protestantes*.

Em 1530, em documento intitulado *Confissões de Augsburgo*, Lutero e o teólogo Philipp Melâncton (1497-1560) expressaram os preceitos da nova doutrina, entre eles:

- o fim do culto às imagens e do celibato;
- a não existência de um clero regular;
- a livre interpretação da Bíblia, único dogma a ser seguido;
- a substituição do latim por línguas locais nas celebrações;
- a obrigatoriedade de a Igreja ser submetida ao Estado;
- a redução dos sacramentos para apenas dois: o batismo e a eucaristia. (Ainda assim, muitas vertentes do luteranismo, até os dias atuais, praticam todos os sete sacramentos da Igreja católica, embora os demais somente como ritos.)

Os conflitos entre luteranos e não luteranos nos limites da Alemanha – então parte do Sacro Império Romano-Germânico – levaram o imperador a implantar, em 1555, a Paz de Augsburgo. Segundo esse tratado, a Igreja luterana passou a ser reconhecida, cabendo aos príncipes a decisão sobre a escolha de qual religião seguir, com a ressalva que esta deveria ser obrigatoriamente acatada por seus súditos.

Para saber mais

Estrelado por Joseph Fiennes, o filme *Lutero* narra certos aspectos da trajetória de Martinho Lutero, desde seu desentendimento com a Igreja, passando pela expressão de suas 95 teses e pelo apoio de príncipes alemães, até a tradução do Novo Testamento para o alemão e os confrontos sociais que se seguiram à Reforma e à ação de reformistas mais radicais na Alemanha.

LUTERO. Direção: Eric Till. Alemanha/EUA: UIP, 2003. 124 min.

O reformismo de Thomas Müntzer

As ideias de Lutero se espalharam pela Alemanha e para além dela, servindo de inspiração para outros reformadores, entre eles Thomas Müntzer (ca. 1490-1525). Müntzer sagrou-se sacerdote em 1513. Em 1519, aderiu ao reformismo luterano e assumiu a função de pastor na cidade de Zwickau, no ano seguinte. O teor radical de suas ideias o indispuseram com Lutero, que cortou relações com Müntzer em 1521, expulsando-o da comunidade em que atuava.

Em 1524, Müntzer juntou-se a camponeses alemães que se valeram do contexto de reforma religiosa para reivindicar também uma profunda mudança social, exigindo o direito de eleger e destituir os padres locais, o fim das obrigações feudais, e o confisco e a distribuição dos domínios senhoriais da Igreja católica entre os mais pobres (Moreira; Bugallo; Albuquerque, 1978).

Leitor e admirador dos livros apocalípticos, Müntzer fez da luta dos camponeses contra os direitos feudais uma marcha do "bem contra o mal". O movimento foi condenado por Lutero e reprimido com violência pelos príncipes alemães, que esmagaram a revolta, matando milhares de camponeses. Thomas Müntzer foi preso e decapitado em maio de 1525.

Leia a seguir, alguns trechos da reforma pregada por Müntzer:

1. *Visto que um dízimo legítimo é admitido pela Escritura Santa, nós consentimos em pagá-lo dentro de proporções honestas. O pastor receberá o que for necessário para a sua manutenção e dos seus, e o supérfluo consagrado à ajuda dos pobres da paróquia. Quanto ao "pequeno dízimo", não o pagaremos. Os animais foram criados por Deus para o livre uso dos homens, nós não o pagaremos mais.*

Andréa Maria Carneiro Lobo e José Roberto Braga Portella

2. *Os insurgentes declaram que não querem continuar a ser tratados como coisa e propriedade do seu senhor; pelo seu sangue Jesus Cristo resgatou a humanidade inteira, tanto o pastor quanto o imperador.*

3. *Não é justo nem caritativo que os camponeses não tenham qualquer direito sobre a caça dos bosques e dos campos, os pássaros do céu, os peixes dos rios, e que sejam constrangidos a sofrer as depredações feitas nos seus campos pelos animais das florestas.*

[...]

6. *As obrigações de trabalho, que vão se tornando cada vez mais pesadas, devem ser aliviadas.*

7. *Que o senhor não exija mais dias de trabalho do que o estabelecido na carta comunal.*

[...]

9. *A justiça já não é distribuída com equidade, as penalidades são constantemente modificadas; que se observem os antigos textos.*

10. *Que os campos e terras subtraídos ilegalmente ao patrimônio comunal lhes sejam devolvidos;*

[...]

12. *Que se qualquer dos artigos acima estabelecidos for contrário à Santa Escritura, a ele renunciamos imediatamente. Que a Paz de Cristo esteja com todos!* (Moreira; Bugallo; Albuquerque, 1978)

O reformismo luterano inspirou outros movimentos de caráter protestante na Europa. O calvinismo, de João Calvino, e o anglicanismo, do rei inglês Henry VIII (1491-1547), são exemplos bem-sucedidos de reformas protestantes. É sobre eles que veremos a seguir.

A reforma calvinista

Originado das pregações do teólogo francês João Calvino (1509-1564), o **calvinismo** foi uma das doutrinas protestantes que mais adeptos conquistou na Europa nos séculos XVI e XVII, expandindo-se para diferentes regiões e adquirindo diferentes matizes em cada uma delas.

Figura 1.16 – Retrato de João Calvino, século XIX, por artista desconhecido

Everett Historical/Shutterstock

Graduado em Direito pela Universidade de Orleans, França, Calvino demonstrava interesse pelo estudo da filosofia, da literatura e da teologia desde a juventude, mas foi somente por volta de 1532, quando passou a ser influenciado pelo movimento luterano, que os estudos teológicos passaram a atrair ainda mais sua atenção.

Sua doutrina pregava a vida moderada, enaltecendo o valor do trabalho e da devoção cristã e combatendo os vícios e os prazeres terrenos. Defendia uma moralidade austera, associada ao seguimento de preceitos bíblicos.

Por suas ideias consideradas heréticas, o teólogo cristão passou a ser alvo de perseguições por ordem do rei da França, sendo compelido a se exilar na Suíça. Estabelecendo-se em Genebra, lecionou na universidade local e publicou, em 1536, *A instituição da religião cristã*, sua obra mais conhecida. Dentre as ideias defendidas no livro, destacam-se as elencadas a seguir:

- O destino de cada pessoa, assim como sua salvação, é determinado por Deus.
- Nem a fé, nem as obras garantiriam a salvação eterna, que depende inteiramente da imensa generosidade de Deus.
- A vontade de Deus expressa na Bíblia deveria prevalecer sempre, sobre todas as coisas.

A nova doutrina atraiu muitos adeptos na Suíça e atingiu grande poder perante o governo de Genebra: preceitos calvinistas tornaram-se bases para o ordenamento político, jurídico e social da cidade. Sistematizados em um documento escrito por Calvino e intitulado *Ordenanças eclesiásticas*, esses preceitos estabeleciam **normas rígidas de conduta** e **moral**, atraindo opositores. Seus preceitos ultrapassaram os limites da Suíça e atingiram adeptos na França, na Escócia, na Inglaterra e em outras regiões da Europa e até da América, adquirindo feições diferenciadas em cada região: na França, os calvinistas ficaram conhecidos como *huguenotes*; na Inglaterra, como *puritanos*; e *presbiterianos* foi a designação que receberam em países como Dinamarca, Holanda e Escócia.

A Noite de São Bartolomeu

Na França, apesar de uma lei criada em 1562 estabelecer a liberdade religiosa, os huguenotes foram duramente perseguidos por nobres e autoridades de confissão católica. O atentado movido pelos católicos contra o almirante huguenote Gaspar II de Coligny teria exaltado os ânimos dos protestantes. Sob a alegação de que estes planejavam tomar o poder na França, em 1572, sob as ordens do católico Duque de Guise, militares invadiram as casas de huguenotes e mataram todos os que encontraram. Pelo menos 15 mil protestantes perderam a vida. O episódio, que ficou conhecido como **Massacre de São Bartolomeu**, é considerado um dos mais lamentáveis exemplos de intolerância religiosa de todos os tempos.

Figura 1.17 – Massacre da noite de São Bartolomeu segundo a visão de um artista huguenote que sobreviveu à matança

DUBOIS, F. **Massacre da noite de São Bartolomeu.** ca. 1572. Óleo sobre painel: color.; 94 × 154 cm. Museè Cantonal des Beaux-Arts, Lausanne, Suíça.

Andréa Maria Carneiro Lobo e José Roberto Braga Portella

Os conflitos entre católicos e protestantes na França só diminuíram com a promulgação do **Édito de Nantes**, em 13 de abril de 1598, documento que concedia aos protestantes franceses a liberdade de culto.

Para saber mais

A rainha Margot, estrelado por Isabelle Adjani, é um filme ambientado na atmosfera de conflito entre católicos e protestantes na França, culminando com o massacre da Noite de São Bartolomeu. Adjani interpreta a rainha Marguerite de Valois, irmã do rei católico Charles IX. Após um casamento arranjado com o protestante Henri de Navarra, as tensões entre católicos e huguenotes, ao contrário do planejado por Caterina de' Médici, mãe de Marguerite, se intensificam. Na noite de 24 de agosto de 1572, durante os festejos em homenagem a São Bartolomeu, católicos promovem uma violenta repressão aos huguenotes franceses, que contou com a conivência de Charles IX e resultou na morte de 3 mil protestantes.

A RAINHA MARGOT. Direção: Patrice Chéreau. França/ Alemanha/Itália: AMLF, 1994. 159 min.

A reforma anglicana

Esse movimento reformista se desenvolveu em um contexto político marcado também pela ascensão das monarquias nacionais e por tentativas de expansão do poder político dos reis em seus próprios territórios. Tais tentativas esbarravam, por um lado, na oposição de parte da nobreza e demandavam, por outro, a delimitação e o enfrentamento da influência exercida pela Igreja católica. Esses fatores estiveram presentes no cerne da reforma protestante na Inglaterra, que se iniciou com desentendimentos entre o rei Henrique VIII (1491-1547), da dinastia Tudor, e o clero católico.

Em 1533, após um longo processo que durou seis anos e terminou com a recusa do Papa Clemente VII em conceder a anulação do casamento de Henry VIII com sua primeira esposa, Catarina da Aragão, o rei rompeu com a Igreja e casou-se com Ana Bolena (e depois dessa união, casou-se outras quatro vezes, totalizando seis esposas em sua vida). O fato, que serviu de pretexto para a introdução do protestantismo na Inglaterra, trazia em seu bojo outras motivações: o desejo de eliminar a autoridade católica de seu país, a possibilidade de se apossar das terras e dos bens da Igreja e a perspectiva de livrar-se dos pesados tributos impostos à Inglaterra pelo papado.

É importante ressaltar, porém, que embora a Inglaterra já tivesse sido palco de contestações à Igreja católica (como a que foi movida por Wycliffe), o próprio rei não era muito simpático ao protestantismo: chegou a receber de Leão X o título de defensor da fé por atacar, por escrito, Martinho Lutero. No entanto, em 1533, os tempos eram outros: Henry VIII queria ter poder absoluto sobre a Inglaterra e isso incluía o domínio da religião – algo que só seria possível por meio da instituição de uma reforma protestante, de preferência, manipulada por ele.

Por meio de um documento chamado *Ato de Supremacia*, o reino da Inglaterra rompeu definitivamente com Roma e Henry VIII tornou-se o chefe supremo de uma nova religião que, com o tempo, passou a se denominar **anglicana**.

Após a morte de Henry VIII, em 1547, a religião, que até então pouco diferia da doutrina católica, foi ganhando corpo. Sob o reinado de sua filha, Elizabeth I (1558-1603), um decreto conhecido como *Lei dos 39 artigos* estabeleceu que a Igreja anglicana adotaria a doutrina calvinista e manteria parte da ritualística e da hierarquia católica.

Figura 1.18 – Representação de Ana Bolena por artista desconhecido

RETRATO de Ana Bolena. Final do século XVI, baseado em uma obra ca. 1533-1536. Óleo sobre painel: color.; 54,3 × 41,6 cm. National Portrait Gallery, Londres, Inglaterra.

Contextualizando

Ana Bolena pode ser considerada uma das personagens mais controvertidas da reforma anglicana. Educada e criada na França, teve considerável importância para a consolidação de uma aliança entre aquele país e a Inglaterra na década de 1530, e atuou também no processo de consolidação da Reforma Anglicana, da qual era fervorosa adepta. Casou-se em 25 de janeiro de 1533, já grávida, e, contrariando as previsões dos médicos da época, deu à luz não ao tão sonhado herdeiro de Henry VIII, mas a uma menina, a futura rainha Elizabeth, em setembro do mesmo ano. Sua ruína pública teve início naquela data. Hostilizada pelos súditos – que preferiam Catarina de Aragão, uma "legítima esposa inglesa", e pelo chanceler real Thomas Cromwell, Ana Bolena passou ainda por dois abortos sem conseguir levar adiante uma gravidez que trouxesse ao mundo o tão esperado herdeiro do trono britânico.

A relação com Henry VIII deteriorou-se, na mesma medida em que azedavam as relações entre ingleses e franceses. Alvo de um complô dirigido por assessores do rei e encabeçado por Cromwell, viu-se em meio a um processo de investigação de cunho moral, pois foi acusada de incesto, conspiração e adultério, imputações que não tinham outro motivo senão afastá-la do caminho de Henry VIII, que pretendia casar-se outra vez. Ao final de mil dias de reinado e apenas três anos após o casamento oficial com o rei, no dia 19 de maio de 1536, aos 36 anos de idade, Ana Bolena subiu ao cadafalso para ser executada. De um só golpe, o carrasco apresentou à multidão de mais de 2 mil pessoas a cabeça de uma linda e jovem rainha, a primeira a ser executada publicamente na Inglaterra.

Andréa Maria Carneiro Lobo e José Roberto Braga Portella

3.3.5 A Contrarreforma

O avanço do protestantismo na Europa suscitou uma forte reação por parte da Igreja católica, que, buscando conter o avanço reformista, procurou adotar estratégias de reorganização e moralização do clero, bem como encontrar novos meios para expandir o catolicismo. O conjunto dessas estratégias é denominado **Reforma Católica** ou **Contrarreforma**, e foi sistematizado, em grande parte, no concílio realizado na cidade de Trento, Itália, entre 1545 e 1563. Ao longo desses 18 anos, os cinco papas que coordenaram o concílio reafirmaram seu compromisso com a manutenção dos dogmas católicos e reiteraram algumas práticas, tais como o Tribunal do Santo Ofício. A seguir, apresentamos algumas das principais resoluções do **Concílio de Trento:**

- Manutenção dos sete sacramentos.
- Afirmação de que a salvação se daria tanto pelas obras quanto pela fé.
- Reativação do Tribunal do Santo Ofício, que se tornou ainda mais incisivo no combate ao avanço do protestantismo em países católicos, como Portugal e Espanha, por exemplo.
- A defesa de que a Igreja católica seria a única religião capaz de interpretar as verdades divinas presentes na Bíblia.
- Oficialização da Companhia de Jesus, criada por Inácio de Loyola em 1534. Os membros dessa ordem – chamados de *jesuítas* – estavam comprometidos com a expansão do catolicismo, inclusive – e sobretudo – fora da Europa. Os jesuítas estabeleceram missões nas Américas espanhola e portuguesa ao longo do século XVI.
- Proibição da venda de indulgências.

Em 1564, o Tribunal do Santo Ofício criou o *Index librorum prohibitorum* (mais conhecido simplesmente como *Index*). Esse documento consistia em uma seleção de obras (literárias, científicas, filosóficas) condenadas pela Igreja católica por serem consideradas heréticas. Entre as consequências mais significativas da Contrarreforma podemos citar a **expansão do catolicismo na América**: não por acaso, é nesse continente que se encontra, atualmente, o maior contingente de católicos do mundo.

Observe a imagem da Figura 1.19, a seguir, que retrata uma célebre escultura de Gian Lorenzo Bernini (1598-1680).

Figura 1.19 – *O êxtase de Santa Teresa*, de Gian Lorenzo Bernini

BERNINI, G. L. **O êxtase de Santa Teresa**. 1647-1652. Escultura em mármore. 350 cm. Chiesa di Santa Maria della Vitoria, Roma, Itália.

> Na escultura, o artista exprime todo o arrebatamento e emoção de um momento de intensa experiência religiosa vivenciado por Santa Teresa D'Ávila. A obra é uma das mais eloquentes manifestações do barroco.

A Guerra dos Trinta Anos

Entre a segunda metade do século XVI e a primeira metade do século XVII, as monarquias nacionais europeias viram-se envolvidas em uma série de guerras civis, desencadeadas por conflitos religiosos ocorridos na sequência da já mencionada Paz de Augsburgo. Tais conflitos ocorreram no contexto da expansão da Reforma Protestante e da Contrarreforma e opuseram príncipes e partes de seus reinos, reis e parlamento, súditos e governantes com crenças religiosas diferentes.

Esses conflitos ultrapassaram as então maldefinidas fronteiras nacionais e transformaram-se em uma guerra de grandes dimensões: a chamada **Guerra dos Trinta Anos**, cujo estopim foi um episódio ocorrido em 23 de maio de 1618 na região da Boêmia (atual República Tcheca), que então fazia parte do Sacro Império Romano-Germânico (cujo imperador era católico). O episódio, que ficou conhecido como *Defenestração de Praga*, ocorreu quando nobres luteranos da Boêmia, revoltados com a decisão do imperador Rudolf II (1552-1612) de demolir igrejas luteranas, invadiram o castelo e jogaram pela janela alguns representantes do governo. O incidente, de causas aparentemente religiosas (pois diz-se que lutavam pela liberdade de culto) e locais, adquiriu grandes dimensões, desencadeando uma violenta guerra, na qual se envolveram os atuais Países Baixos, a Alemanha, o então Império Sueco e a França, além de, indiretamente, a Espanha – que financiou e apoiou os imperadores católicos do Império Germânico.

A recusa dos protestantes boêmios, representados por uma Liga Evangélica, em aceitar o imperador católico radical Ferdinand II (1578-1637) conduziu à escolha e coroação do protestante Friedrich V (1596-1632) como rei da Boêmia. Contudo, tropas imperiais invadiram a região, confiscaram os domínios de Friedrich V, derrotaram os protestantes; como consequência, os revoltosos foram condenados à morte. Sentindo-se afrontados, os demais principados germânicos de orientação luterana entraram em atrito com o Sacro Império. O conflito, que inicialmente opôs algumas cidades e principados protestantes ao Sacro Império Romano-Germânico, comandado por um imperador católico da dinastia dos Habsburg, adquiriu dimensões internacionais com a entrada do Império Sueco, dos Países Baixos e, depois, da França, na época comandada pelo Cardeal Richelieu. A Espanha apoiava o imperador alemão; e a França, que ambicionava se transformar na maior potência europeia, declarou guerra aos espanhóis em 1635.

A guerra se alastraria por mais 13 anos, provocando a morte de milhares de pessoas por fome, assassinatos, pilhagens e epidemias. Em 1648, a Espanha, já bem enfraquecida, aceitou a derrota e, em 24 de outubro de 1648, na região de Vestfália, as principais lideranças envolvidas no conflito assinaram um armistício. O documento internacional, que ficou conhecido como *Paz de Vestfália*, estabelecia, entre outras determinações, a autonomia da Holanda e da Suíça e a redução do poder do imperador da dinastia dos Habsburg (em nome dos príncipes e demais membros do Império). Além disso, católicos e protestantes passaram a desfrutar dos mesmos direitos e o império manteve seu aspecto **federalista**. Se o império germânico saiu arrasado do conflito, a França foi a grande vitoriosa: anexou a região da Alsácia e ampliou ainda mais suas possibilidades de expansão territorial e política na Europa. O país permaneceu em luta com os

Andréa Maria Carneiro Lobo e José Roberto Braga Portella

espanhóis até a *Paz dos Pirineus*, selada em 1659, que marcou o início da decadência da supremacia espanhola na Europa.

Esse contexto – constituído pela Reforma, a Contrarreforma e as guerras religiosas – foi permeado por um fenômeno cultural interessante: **a expansão da alfabetização, da cultura letrada e da leitura em algumas regiões da Europa**, especialmente naquelas em que se afirmou o movimento protestante. É sobre essa relação entre a expansão da reforma e o acréscimo dos níveis de letramento e leitura, que trataremos na seção a seguir.

(1.4)

A EXPANSÃO DAS LETRAS

Nesta seção, abordaremos o processo de expansão da alfabetização e da cultura letrada no Ocidente europeu durante a Idade Moderna, destacando a relação entre esse fenômeno e a invenção/difusão da imprensa, a expansão do movimento reformista e do protestantismo. Explicitaremos que, além desses fatores, foram também decisivos para o fenômeno em questão o crescimento dos centros urbanos e a complexificação da configuração social, fatos que exigiam a circulação – e a consequente adaptação – de setores em ascensão – como a burguesia – por diferentes espaços e linguagens.

Em um primeiro momento, destacaremos a relação entre a difusão da alfabetização e a expansão da prática da leitura, problematizando o que se lia e quais os setores sociais que passaram a ter mais acesso ao mundo letrado (diferenças de acesso entre homens e mulheres; entre burgueses e nobres; entre trabalhadores rurais e urbanos, por exemplo). Na sequência problematizaremos a expansão do material impresso e do mercado livreiro na Europa.

1.4.1 A DIFUSÃO DA IMPRENSA E A PRÁTICA DA LEITURA INDIVIDUALIZADA

Segundo o historiador francês Roger Chartier (1945-), tanto a difusão da escrita quanto o desenvolvimento da alfabetização e da leitura, com as devidas diferenças e variantes – regionais e sociais –, constituíram fatores essenciais no processo de modificação da ideia que o homem ocidental passou a ter de si mesmo, um processo que se estruturou por volta do final do século XVI e atingiu seu apogeu no final do século XVIII, mas cujos fatores técnicos – com destaque para o desenvolvimento da prensa de tipos móveis –têm seu advento situado ainda no século XV (Chartier, 1994).

A origem das técnicas de impressão é bem antiga: remonta à China do século VIII. Na Europa, o holandês Laurens Coster (ca. 1370 - ca. 1440) – em meados de 1430 – teria sido o primeiro a usar tipos móveis de madeira (letras e símbolos) para imprimir textos. Mas foi o alemão Johannes Gutenberg (1398-1468) que substituiu os tipos móveis e as pranchas de madeira por tipos e pranchas de metal.

O processo desenvolvido por Gutenberg funcionava basicamente desta forma: primeiro, fazia-se um molde com as letras em relevo, sobre as quais, depois de montadas em uma base de chumbo – na forma do texto desejado –, se passava uma camada de tinta. O papel era, então, depositado sobre o conjunto dos tipos e prensado para que a tinta nele se fixasse. Acredita-se que esse foi o processo usado para imprimir a *Bíblia*, o primeiro grande livro impresso pelo inventor alemão.

O ambiente em que se desenvolveu a imprensa de Gutenberg – a Europa do século XV – foi favorável a esse empreendimento, pois houve, nessa época, progressos na fabricação de papel e na metalurgia. A difusão do ideário humanista favoreceu a disseminação da imprensa por outras regiões europeias, como a Inglaterra, por

Andréa Maria Carneiro Lobo e José Roberto Braga Portella

exemplo. Inicialmente, esses prelos só tinham permissão para reproduzir manuscritos de conteúdo religioso, mas o Renascimento artístico-cultural trouxe à tona uma vasta produção literária e acadêmica. Em 1476, o inglês William Caxton ousou empregar a imprensa para difundir textos literários: sua tipografia reproduziu mais de 90 obras de literatura em língua inglesa.

A difusão da imprensa, graças à qual se conseguia copiar e distribuir o material produzido por intelectuais e artistas humanistas com mais rapidez que o processo manuscrito, favoreceu a **circulação de ideias** e, consequentemente, as mudanças sociais, artísticas, econômicas e políticas que esses pensamentos, de alguma maneira, influenciaram.

Se o **aparato técnico** da difusão da impressão com tipos móveis facilitava a reprodução de textos e o ambiente humanista favorecia a circulação de ideias, pode-se afirmar que foi no contexto da expansão do protestantismo na Europa, no século seguinte, que outro lado dessa história se afirmou: a difusão das **práticas de leitura**.

De acordo com Chartier (1991), nas regiões em que se difundiu o protestantismo (Suécia, Alemanha, Boêmia) o número de pessoas que sabia ler atingia, nos séculos XVII e XVIII, porcentagens bem maiores que no restante da Europa. Esse contingente, no entanto, distribuía-se de maneira desigual entre homens e mulheres, e nos diferentes segmentos sociais. Tal fato é comumente associado à exigência da leitura individualizada da Bíblia, embora a expansão da leitura não possa ser atribuída, única e exclusivamente, à expansão do protestantismo, e não signifique, necessariamente, que leitura e interpretação de texto andassem juntas. Esse foi um fator mais relacionado à segunda reforma, do século XVIII, conforme destaca Chartier (1991, p. 121):

Instaura-se uma nítida separação entre as políticas escolares dos Estados luteranos, que acima de tudo visam à formação das elites pastorais e administrativas, e a obra de educação religiosa do povo que, baseada no ensinamento oral e na memorização, pode muito bem conviver com o analfabetismo.

A prática da leitura individualizada e silenciosa, ainda que desigualmente distribuída entre as regiões urbana e rural, entre os gêneros e entre as classes sociais, difundiu-se também graças à invenção da imprensa, que tornou mais rápido o processo de edição e distribuição dos livros, sobretudo entre as camadas populares. Já entre a elite letrada, o que se notou foi, inicialmente, uma postura contraditória: por um lado, valorizava-se a imprensa, por colocar em circulação obras de valor; por outro, havia uma rejeição ao livro impresso, pois dizia-se que o processo corrompia os textos, que eram publicados em edições apressadas, cheias de falhas e erros (Chartier, 1991, p. 125).

A prática mencionada, contudo, operou uma verdadeira revolução nas relações entre público e privado. De fato, na Idade Média, o pensamento oficial (clerical) defendia uma concepção de ordem que permeava o cosmos, a sociedade e a divindade, segundo a qual a ideia de individualidade era inconcebível (notemos, por exemplo, que, na **arte românica** – nas iluminuras –, todos os personagens eram representados com as mesmas feições, modificando-se unicamente os símbolos visuais que permitiam identificar sua posição social). Da mesma forma, na Idade Média, as leituras eram uma ação coletiva, na qual uma ou mais pessoas letradas liam para as demais, em voz alta, conferindo ao texto também sua entonação e interpretação.

A difusão da leitura, portanto, convergiu com o processo de **individualização** e **privatização** de outros aspectos da vida. A leitura feita de forma individual, silenciosa e com a boca fechada é um dos

Andréa Maria Carneiro Lobo e José Roberto Braga Portella

signos dessa nova configuração do humano que se desenvolveu com o humanismo, o Renascimento e as reformas.

1.4.1 A EVOLUÇÃO DA LEITURA, DA ESCRITA, DA INFORMAÇÃO E DE SEUS SUPORTES

Nos primórdios do século XXI, vivemos às voltas – especialmente os mais jovens – com a hiperconectividade. O acesso à internet banda larga, via celulares, *tablets*, ou *notebooks* – facilitado pela expansão dos planos de conexão com uso de dados oferecidos pelas operadoras de telefonia móvel ou via *Wi-Fi*, de forma quase ininterrupta, 24 horas por dia –, é algo bastante novo na história da humanidade, e seria certamente assustador para as gerações anteriores.

No ambiente virtual, no qual adentramos pela tal hiperconectividade, despendemos uma quantidade de tempo considerável respondendo *e-mails*, postando frases, *links*, fotos e comentários em redes sociais ou tão somente "batendo papo" com uma infinidade de "amigos virtuais".

Certamente, essa ainda não é uma realidade mundial, mas predomina no chamado *mundo ocidental*, nas grandes cidades e em seu entorno. Considerando que nos primeiros anos do século XXI as estatísticas apontam que aproximadamente 80% das pessoas vivem nas cidades, pode-se dizer que o quadro descrito é um fenômeno típico do nosso tempo.

A hiperconectividade e a expansão das ferramentas de comunicação, pesquisa e relacionamento em ambiente virtual têm afetado as relações interpessoais e também a forma como nos relacionamos com a leitura, a escrita e a interpretação de textos, a tal ponto que indagações sobre um suposto fim do livro impresso vieram à tona já na década de 1990. Chartier (1994) afirma que a revolução do nosso tempo é ainda maior que a dos tempos de Gutenberg, o desenvolvedor da imprensa. Notemos que Chartier refere-se ao fato de termos acesso a textos escritos via monitor, em uma época em que a maioria dos computadores eram de mesa. O que pensar, então, dos tempos atuais, em que os monitores dos PCs têm sido substituídos pelas telas dos *notebooks*, *tablets* e *smartphones*?

> *A revolução do nosso presente é, com toda certeza, mais que a de Gutenberg. Ela não modifica apenas a técnica de reprodução do texto, mas também as próprias estruturas e formas do suporte que o comunica a seus leitores. O livro impresso tem sido, até hoje, o herdeiro do manuscrito: quanto à organização em cadernos, à hierarquia dos formatos, do* libro *da banco ao* libellus; *quanto, também, aos subsídios à leitura: concordâncias, índices, sumários etc. Com o monitor, que vem substituir o códice, a mudança é mais radical, posto que são os modos de organização, de estruturação, de consulta do suporte do escrito que se acham modificados. Uma revolução desse porte necessita, portanto, outros termos de comparação.*
> (Chartier, 1994)

Na trajetória histórica do texto escrito, Chartier (1994) destaca três fases fundamentais:

1. A transição do formato dos manuscritos em rolos pelos **códices**, na Idade Média.
2. A transição dos códices manuscritos pelos **textos impressos**, na Idade Moderna.
3. No século XXI, a transição dos impressos para os **textos digitalizados**.

Foi uma mudança de suporte, sem dúvida, mas que revolucionou também a forma de comunicação e de recepção da escrita, ainda que isso não tenha se dado de forma tão abrupta e nem tenha eliminado

Andréa Maria Carneiro Lobo e José Roberto Braga Portella

completamente o suporte anterior. O códice superou os rolos, mas estes persistiram ainda por muito tempo – até fins da Idade Média. Da mesma forma, a invenção da imprensa não representou o fim do texto manuscrito, mas facilitou a reprodução e a distribuição dos textos, tornando-os mais acessíveis a um número maior de pessoas, e possibilitou um processo de produção, edição e distribuição mais dinâmico. Essas mudanças de suporte certamente interferiram e continuam a interferir nas práticas de leitura, escrita e interpretação de textos.

Nesse ponto do texto, vale mencionarmos alguns exemplos que ilustram a evolução dos suportes da escrita, começando pelo pergaminho.

Escritos em aramaico, os manuscritos registrados no rolo de pergaminho retratado na Figura 1.20 teriam sido confeccionados entre 200 a.C. e o ano 68 da nossa era. Descobertos em cavernas nas proximidades do Mar Morto entre 1947 e 1956, constituem fragmentos de textos de aproximadamente 825 a 870 rolos distintos, que contêm textos tanto bíblicos quanto não bíblicos, e podem ser caracterizados como uma verdadeira biblioteca da seita judaica dos essênios.

Figura 1.20 – Um dos manuscritos encontrados perto do Mar Morto, em rolo de pergaminho

Outro exemplo é o chamado *Códice Calixtino*, datado do século XII (organizado entre 1125 e 1130 e manuscrito em 1160). Guardado na Catedral de Santiago de Compostela, o manuscrito contém várias informações sobre a rota do Caminho de Santiago. Escrito por teólogos, músicos, artistas, escritores e fabulistas da época, é composto de cinco livros, que foram reunidos em um único volume no século XIX. Na Figura 1.21, é possível visualizar a primeira página do Livro I do *Códice Calixtino*, na qual aparece uma miniatura com a inicial do Papa Calixto II escrevendo.

Figura 1.21 – *Códice Calixtino*

CODICE Calixtino. Século XII. Catedral-Biblioteca, Santiago de Compostela, Espanha.

Voltemos nosso olhar para a já mencionada mudança de suporte propiciada pela invenção da imprensa, no século XV. Esse fenômeno técnico, associado a outros aspectos, sobretudo sociais e culturais – expansão das cidades, diversificação das atividades urbanas, expansão do protestantismo e da exigência da leitura bíblica, aumento dos níveis de alfabetização e letramento –, está relacionado a uma revolução lenta e silenciosa ocorrida no Ocidente europeu entre os séculos XVI e XVIII: a expansão da leitura e da escrita. A *Bíblia de*

Gutenberg, também conhecida como *Bíblia das 42 linhas*, foi o primeiro livro impresso com os tipos móveis aperfeiçoados pelo alemão Gutenberg em 1455. Foram impressos 180 exemplares, ilustrados à mão. Cópias completas dessa Bíblia apresentam 1.282 páginas, organizadas em 73 livros, divididos entre o Antigo e o Novo Testamentos. Alguns locais espalhados pelo mundo abrigam exemplares dessa importante obra – dentre eles, a Biblioteca Nacional Austríaca, em Viena.

Figura 1.22 – Bíblia de Gutenberg

Saltando para os dias de hoje, deparamo-nos com a disseminação dos *tablets* e de aparelhos como o Kindle. Ler livros digitalizados é uma prática que tem se difundido entre os que apreciam ou necessitam do hábito da leitura, mas que, ao mesmo tempo, buscam estar atentos às novas tecnologias – e que, é claro, têm condições financeiras para adquirir tais dispositivos.

Andréa Maria Carneiro Lobo e José Roberto Braga Portella

Figura 1.23 – A popularidade da leitura de textos digitalizados em *tablets*

Síntese

Os temas que abordamos neste capítulo foram:

- O conceito *de Idade Moderna*, seu surgimento histórico e aspectos de sua compreensão na historiografia contemporânea.
- O Renascimento artístico ocorrido no Ocidente europeu entre os séculos XIV e XVI, seus aspectos constitutivos históricos e teóricos, e suas especificidades estéticas, com destaque para:
  - O conceito de *Renascimento* da forma como foi pensado por alguns historiadores europeus do século XIX e XX.
  - O humanismo.
  - Motivos que levaram a Itália a ser considerada o berço do Renascimento.

- As fases do Renascimento italiano (o *Trecento*, o *Quattrocento* e o *Cinquecento*) e suas características.
- O Renascimento em outras regiões da Europa: Flandres, Portugal, Espanha, Alemanha, França e Inglaterra.
- O Renascimento científico ocorrido entre os séculos XVI e XVII no Ocidente europeu e algumas de suas especificidades, entre as quais pode-se destacar:
  - O conceito de *revolução científica*.
  - O contexto (econômico, político, social e cultural) em que se deu o Renascimento científico moderno.
  - A transição da teoria geocêntrica à teoria heliocêntrica.
  - Os principais físicos, astrônomos e matemáticos dos séculos XVI e XVII e suas teorias acerca do cosmos.
- A Reforma protestante, a Contrarreforma e as guerras religiosas ocorridas no Ocidente europeu entre os séculos XVI e XVII, destacando-se:
  - As "heresias" medievais – valdenses e cátaros.
  - As tentativas reformistas de Wycliffe e Huss.
  - O conceito de *Reforma protestante* na historiografia.
  - O reformismo luterano (alemão) e suas contradições internas.
  - O reformismo calvinista (franco-suíço).
  - O reformismo anglicano (inglês).
  - A Contrarreforma.
  - Guerras religiosas: Noite de São Bartolomeu e Guerra dos Trinta Anos.
- A expansão das letras:
  - A difusão da imprensa e a prática da leitura individualizada.
  - A evolução da leitura, da escrita e da informação e de seus suportes.

Atividades de autoavaliação

1. Leia com atenção o trecho a seguir, extraído do *Discurso sobre a dignidade do homem*, do escritor renascentista Giovanni Pico della Mirandola:

> *Finalmente, pareceu-me ter compreendido por que razão é o homem o mais feliz de todos os seres animados e digno, por isso, de toda a admiração, e qual enfim a condição que lhe coube em sorte na ordem universal, invejável não só pelas bestas, mas também pelos astros e até pelos espíritos supramundanos. Coisa inacreditável e maravilhosa. E como não? Já que precisamente por isso o homem é dito e considerado justamente um grande milagre e um ser animado, sem dúvida digno de ser admirado.* (Pico della Mirandola, 2011, p. 55)

Essa passagem pode ser considerada uma alusão:

a) ao teocentrismo, teoria segundo a qual Deus era o centro do universo e o foco principal de todo pensamento e ação humanos.

b) à centralidade do homem no tocante à criação divina – expressão do antropocentrismo, característico do pensamento humanista.

c) ao naturalismo, teoria segundo a qual os demais seres da natureza são superiores ao homem no contexto da criação divina.

d) ao geocentrismo, teoria segundo a qual a Terra é o centro do universo.

2. Analise com atenção a imagem a seguir:

Trata-se de uma representação de época que retrata:

a) As perseguições movidas pela Igreja católica contra os seguidores de Valdo – os "valdenses".
b) As peregrinações armadas dos cristãos a Jerusalém, as "Cruzadas".
c) A coleta de indulgências pela Igreja católica no século XVI.
d) A ação da Inquisição católica contra as chamadas "heresias medievais".

3. A Guerra dos Trinta Anos foi:
a) um conflito isolado entre protestantes e católicos nas regiões dominadas por príncipes luteranos alemães.
b) uma série de conflitos que envolveram huguenotes (calvinistas franceses) e católicos, ocorridos na França da segunda metade do século XVI e que tiveram no massacre da Noite de São Bartolomeu o seu episódio mais trágico.

Andréa Maria Carneiro Lobo e José Roberto Braga Portella

c) um conflito armado ocorrido na transição do século XVI para o XVII e iniciado na região da Boêmia, em consequência das hostilidades entre governantes católicos do Sacro-Império Germânico e nobres luteranos.

d) uma guerra entre as monarquias francesa e inglesa, ocorrida no final do século XVI e desencadeada por motivações religiosas, mas se acentuou por questões políticas.

4. Um dos efeitos da disseminação do reformismo protestante entre os séculos XVI e XVIII na Europa foi a ampliação do número de pessoas alfabetizadas. Segundo o historiador Roger Chartier, essa relação se explica porque:

a) uma das premissas do reformismo protestante era a leitura e a interpretação individual dos textos bíblicos.

b) esse fenômeno se deu em meio à propagação da invenção da imprensa, por Gutenberg, no século XV, na Alemanha, tendo a técnica da impressão barateado os processos e contribuido para a difusão da cultura escrita entre as camadas menos abastadas.

c) a difusão do reformismo protestante e a exigência da leitura bíblica ocorreram no contexto da expansão das cidades e da diversificação das atividades urbanas, fatores que favoreceram o aumento dos níveis de alfabetização e de letramento.

d) Todas as alternativas estão corretas.

5. Sobre a relação entre a difusão do ideal humanista na Europa e a expansão da cultura escrita é correto afirmar:

a) O ideal humanista, expresso por meio de uma vasta produção literária e acadêmica, promoveu a circulação de ideias e o interesse pela cultura escrita.

b) O ideal humanista, ao atacar a liberdade de expressão e favorecer uma interpretação religiosa do mundo, dificultou a difusão da cultura escrita na Europa entre os séculos XV e XVII.

c) A expansão da cultura escrita foi uma das consequências tardias das Cruzadas, ocorridas entre os séculos XI e XIII, e uma ruptura para com o ideal humanista, característico do pensamento da chamada Alta Idade Média.

d) O ideário humanista representou o declínio da cultura escrita na Europa a partir do século XVII, coincidindo esse período com o Barroco e a crise dos valores renascentistas.

Atividades de aprendizagem

Questões para reflexão

1. Leia, a seguir, trechos da reforma pregada pelo teólogo alemão Thomas Müntzer e, em seguida, responda às questões propostas:

Visto que um dízimo legítimo é admitido pela Escritura Santa, nós consentimos em pagá-lo dentro de proporções honestas. O pastor receberá o que for necessário para a sua manutenção e dos seus, e o supérfluo consagrado à ajuda dos pobres da paróquia. Quanto ao "pequeno dízimo", não o pagaremos. Os animais foram criados por Deus para o livre uso dos homens, nós não o pagaremos mais. [...] Os insurgentes declaram que não querem continuar a ser tratados como coisa e propriedade do seu senhor; pelo seu sangue Jesus Cristo resgatou a humanidade inteira, tanto o pastor quanto o imperador. [...] Não é justo nem caritativo que os camponeses não tenham qualquer direito sobre a caça dos bosques e dos campos, os pássaros do céu, os peixes dos rios, e que sejam constrangidos a sofrer as depredações feitas nos seus campos pelos animais das florestas. [...] As obrigações de trabalho, que vão se tornando cada vez mais pesadas, devem ser aliviadas. [...] Que o senhor não exija mais dias de trabalho do que o estabelecido na carta comunal. [...] A justiça já não é distribuída com equidade, as penalidades são constantemente modificadas; que se observem os antigos textos. [...] Que os campos e terras subtraídos ilegalmente ao patrimônio comunal lhes sejam devolvidos; [...] Que se qualquer dos artigos acima estabelecidos for contrário à Santa Escritura, a ele renunciamos imediatamente. Que a Paz de Cristo esteja com todos!

(Müntzer, citado por Moreira; Bugallo; Albuquerque, 1978)

a) Quando afirmam que não querem mais ser tratados como "coisa e propriedade do seu senhor", qual questão social os camponeses estão atacando?

b) Em sua opinião, todas as reivindicações apresentadas acima tratam exclusivamente de questões religiosas? Justifique sua resposta.

c) Os camponeses desafiaram as autoridades laicas e religiosas ao afirmar: "Se qualquer dos artigos acima estabelecidos for contrário à Santa Escritura, a ele renunciamos imediatamente". Em sua opinião, as reivindicações camponesas iam contra as sagradas escrituras ou não? Por que foram tão duramente reprimidas?

Atividade aplicada: prática

1. Considerando os conteúdos trabalhados neste capítulo, prepare uma exposição, com maquetes ou fac-símiles, representando as etapas da evolução do código escrito segundo Roger Chartier: dos manuscritos em rolo para os códices; dos códices para os livros impressos; e dos livros impressos para os *e-books*.

Capítulo 2
Sociedade, política e Estado

Neste capítulo, abordaremos o processo de instituição e consolidação do Estado moderno no Ocidente europeu, destacando como esse processo se deu em Portugal, na Espanha e na França.

Na sequência, comentaremos os preceitos da teoria do Estado absolutista, ou seja, discutiremos autores que instituíram as bases teóricas das monarquias absolutistas na Europa.

Por fim, trataremos do processo expansionista desses Estados – a chamada *expansão ultramarina* –, com destaque para o expansionismo português.

(2.1)
O ESTADO MODERNO

Neste tópico, voltaremos nossa atenção ao processo de fortalecimento do poder das monarquias nacionais europeias entre os séculos XV e XVIII, ou seja, à formação daquilo que teóricos como o sociólogo Max Weber (1864-1920) denominaram *Estado moderno.*

Em virtude da concentração do poder político de forma quase absoluta nas mãos dos monarcas em regiões como Portugal, Espanha, França e Inglaterra, esse modelo de Estado é também conhecido como *absoluto,* e o fenômeno que o gestou, *absolutismo.*

2.1.1 CONCEITO

No bojo do processo de formação do pensamento moderno, desenvolveu-se a doutrina dos direitos naturais como inerentes aos indivíduos; isso equivale a dizer que esses direitos nascem com as pessoas e, por isso, são entendidos como anteriores a qualquer sociedade política e

Andréa Maria Carneiro Lobo e José Roberto Braga Portella

independentes de toda estrutura de poder que nela se estruture. A essa doutrina teóricos políticos designaram *jusnaturalismo* (Bobbio, 1987).

Diferentemente do entendimento que se tinha sobre instituições como a família ou a sociedade senhorial ao longo da Idade Média, na Modernidade a sociedade política decorre de uma ação voluntária dos indivíduos. Sob tal perspectiva, ela é vista como resultante de um pacto, de um acordo recíproco estabelecido em torno da ideia de **vida em sociedade** e da necessidade de estabelecimento de um **governo** (contratualismo) como elemento fundamental para a **preservação dos direitos naturais** (Bobbio, 1987).

O termo *Estado*, que, segundo o jurista Dalmo de Abreu Dallari (1997), vem do latim *status* (estar firme), só aparece na literatura europeia no século XVI: é mencionado pela primeira vez na obra *O príncipe*, de Nicolau Maquiavel, como sinônimo de *cidade independente*.

Ao longo da Idade Moderna, as questões políticas, como temas integrantes do debate teórico acerca do Estado, tendem à noção de que a liberdade dos cidadãos depende da manutenção e do fortalecimento do Estado. Este justifica-se, assim como seu poder sobre os súditos, como garantia necessária ao bem-estar, à prosperidade econômica, à paz civil e à felicidade dos indivíduos.

Mas, se o vocábulo *Estado* é moderno, por que nos utilizamos da expressão *Estado moderno* para caracterizar a configuração política do Ocidente europeu entre os séculos XVI e XVIII? Segundo Norberto Bobbio (1909-2004), a expressão tornou-se parte do vocabulário de teóricos políticos e historiadores que, na esteira do pensamento do sociólogo Max Weber, consideram que a definição do Estado moderno abrange processos dos quais a instituição estatal se apropriou – tanto por meio de serviços públicos quanto do monopólio da força –, propiciando, ainda, a expropriação dos meios de produção, que passaram das mãos dos artesãos para as mãos dos capitalistas (Bobbio, 1987). Dessa forma, pode-se entender o Estado moderno como aparato administrativo que detém a função de prestar **serviços públicos**, bem como de deter o **monopólio legítimo da violência.**

2.1.2 ORIGEM

As noções de *monarquia clássica* e de *regime absolutista* que dirigem o movimento político tiveram um caminho longo e complexo, pois além do período que mais nos interessa – séculos XV a XVIII –, podemos localizar suas primeiras manifestações já no século XI, quando um primeiro Renascimento comercial e de costumes estremeceu a ordem medieval. Seu momento culminante pode ser situado no reinado de Louis XIV, na França, nos séculos XVII e XVIII.

Nessa época, as consciências nacionais que emergiram na Europa Ocidental estavam ligadas ao advento progressivo de alguns fatores, entre eles:

- desenvolvimento das línguas francas nacionais;
- impulso do comércio;
- favorecimento da instrução graças à difusão da imprensa.

As nações se postaram, portanto, não apenas umas contra as outras, mas refutando o ideal da unidade cristã, tão caro no período medieval. Desse modo, no que concernia ao sagrado, passaram a crer que só deviam seu cetro a Deus.

Andréa Maria Carneiro Lobo e José Roberto Braga Portella

Assim, todos os reis eram consagrados pela Igreja de seu reino e segundo um ritual próprio. Seus conselheiros, em geral, reconheciam-lhes o papel de "bispos de fora", de protetores temporais da Igreja. Teóricos políticos do período como o teólogo francês Jacques Bossuet (1627-1704) reconheciam esse poder como uma espécie de **direito divino.**

2.1.3 O MERCANTILISMO

Concomitantemente ao fortalecimento das monarquias nacionais e ao poder dos monarcas, desenvolveram-se a expansão colonialista – tema que abordaremos mais adiante – e o mercantilismo.

O termo *mercantilismo* foi cunhado pelo economista inglês Adam Smith (1723-1790), que viveu no século XVIII, para explicar o tipo de política econômica que caracterizou a administração de algumas monarquias nacionais europeias entre os séculos XV e XVIII. Deriva da palavra latina *mercari*, cujo significado seria "gerir um comércio".

O mercantilismo foi um tipo de política econômica que vigorou entre os séculos XV e XVIII e caracterizou-se pela forte **intervenção dos governantes** na condução das atividades econômicas de suas nações.

Essa intervenção tinha um objetivo claro: **fortalecer seus Estados,** tornando-os mais ricos. Acreditava-se que **nação forte** era sinônimo de **nação rica,** entendida como aquela que dispõe de grandes reservas de metais preciosos – ouro e prata – para a cunhagem de moedas.

Essa concepção surgiu em meados do século XV. Naquela época, as reservas de prata e ouro em barra disponíveis para a cunhagem de moedas estavam se esgotando. A escassez de moedas prejudicaria o volume das transações comerciais e financeiras, e isso seria ruim tanto para os negócios da burguesia quanto para a arrecadação de impostos – fonte de renda dos nascentes Estados.

Era, pois, necessário e urgente acumular metais preciosos. A essa prática os estudiosos deram o nome de *metalismo*.

Mas de que maneira isso seria possível? Segundo a prática política que se tornou comum a partir do século XV, uma das formas de acumular e reter grandes parcelas dos estoques mundiais de metais seria estimular as exportações e coibir as importações por meio de **políticas protecionistas.** Aplicando esse pensamento, os reis criavam leis para proteger o que era produzido em seus países da concorrência estrangeira, ao mesmo tempo que criavam condições para estimular a exportação desses produtos.

Esse tipo de política se caracterizava por uma série de ações. Por um lado, os reis estimulavam a entrada de matérias-primas em seus países, para que estas fossem manufaturadas e, depois, vendidas por um preço mais elevado (pois artigos manufaturados eram mais valorizados) no exterior. Propiciavam, também, as condições de infraestrutura necessárias para a produção e a comercialização de bens manufaturados internamente. Por outro lado, criavam restrições alfandegárias para dificultar o ingresso de manufaturas estrangeiras em seus territórios e para evitar a saída de matérias-primas.

Essas medidas visavam à manutenção de uma **balança comercial favorável**, que só é possível quando as exportações de um país são mais expressivas do que suas importações. Essa era uma estratégia empregada para evitar que as moedas acumuladas saíssem do país.

Parte da política mercantilista teve também carater **expansionista.** A necessidade de se explorar novas regiões, fornecedoras de matérias-primas e metais preciosos, incentivou os reis de países como Portugal e Espanha a desenvolver políticas de **expansão ultramarina**. O objetivo era encontrar, por mar, novas rotas marítimas que dessem acesso às ricas regiões do Oriente, da África, e outras ainda não conhecidas, que pudessem constituir fontes de especiarias, metais e matérias-primas.

Foi no contexto do mercantilismo europeu que aconteceram as grandes navegações marítimas e os grandes "descobrimentos" dos séculos XV e XVI – uma "aventura" na qual portugueses e espanhóis saíram na frente.

2.1.4 TEÓRICOS DO ESTADO MODERNO

Nesse processo, é importante destacar a presença e a importância dos teóricos do Estado moderno. Além da teoria do direito divino enfatizada por Bossuet, que mencionamos anteriormente, consideramos fundamental comentar sobre as contribuições de Nicolau Maquiavel, Jean Bodin e Thomas Hobbes.

Maquiavel: a razão própria do Estado

O florentino Nicolau Maquiavel (1469-1527) é considerado um dos precursores do conceito de **razão de Estado**, segundo o filósofo Eugênio Mattioli Gonçalves (2010), e defensor de uma concepção diferenciada de ética, conforme aponta o filósofo político Newton Bignotto (1992). Trata-se de uma ética que se coaduna com a concepção maquiavelista de *Estado* e de *homem*:

> *Maquiavel não foi um moralista, nem procurou redefinir valores como o fizeram Spinoza, Hobbes etc. Isso não impediu que algumas páginas do Príncipe provocassem escândalo justamente porque parecem atacar de*

uma maneira brutal crenças e valores que constituíam o núcleo da moral cristã. Ao afirmar, por exemplo, que "a um príncipe não é necessário possuir todas as qualidades, mas é necessário parecer tê-las" ou que "as violências devem ser feitas todas ao mesmo tempo, a fim de que seu gosto, persistindo menos tempo, ofenda menos", Maquiavel parece sugerir que a boa ação política não deve levar em conta valores que sejam incapazes de garantir seu sucesso, mas apenas o que conduz à meta desejada, que, no caso dos príncipes, é a manutenção do Estado. (Bignotto, 1992, p. 115)

Sua obra *O príncipe*, escrita entre 1512 e 1515 como um guia prático de como um governante deveria proceder para salvaguardar o Estado e seus interesses, é também considerada uma das primeiras obras do **pensamento político moderno**. Consiste em uma espécie de tratado que contém conselhos e recomendações acerca do que se considerava, na época, a forma mais adequada de conduzir a administração do Estado a fim de preservá-lo.

Maquiavel atuava no âmbito administrativo e diplomático da República de Florença, governada, naquele tempo, por Lorenzo de' Médici. A obra por ele escrita teria a intenção de servir como um **manual prático de ação política**. Ao contrário do que posteriormente o senso comum atribuiu ao pensamento de Maquiavel, ele não expressa um louvor à vilania ou à crueldade de um governante, mas delineia os contornos de uma *razão de Estado* em vista das necessidades implícitas ao ato de governar.

Na obra, justifica-se, dessa forma, o **monopólio dos bens estatais** (leis, justiça, força militar) e a **repressão dos interesses particulares** em prol de um "bem maior" – a sobrevivência do Estado. Para a conservação do Estado, seria permitido ao governante, por exemplo, faltar com a palavra dada, extinguir a linha sucessória de um governo anterior ou até mesmo mentir.

Andréa Maria Carneiro Lobo e José Roberto Braga Portella

Segundo Gonçalves (2010), Maquiavel guia seus preceitos acerca do Estado primeiramente em vista da **utilidade** e da **necessidade**, e, embora não use a expressão *razão de Estado*, esta se delineia como uma das ideias principais de seu texto, como um princípio fundamental para a consolidação do governo. Por *razão de Estado*, Gonçalves (2010) entende o **pressuposto ético diferenciado** que deve nortear as ações do governante, guiado mais pela necessidade e pela utilidade de manutenção do Estado do que propriamente pela preservação dos valores inerentes à moral cristã. No âmbito da política estatal, Maquiavel considera mais apropriada a ética pagã do que a cristã, uma vez que esta poderia prejudicar a preservação de certas estruturas estatais (impostos, leis, exército) sem os quais o Estado se destituiria.

> *O conceito de razão de Estado parte do pressuposto político da impossibilidade de organização humana sem uma firma égide centralizadora; sem o pulso de um Estado forte, seria inevitável o eterno retorno à anarquia generalizada. Dessa forma, a necessidade de manutenção do bem da estrutura estatal, inclusive com o controle absoluto dos monopólios estatais (força física, impostos e leis), justificaria a repressão de interesses particulares e demais medidas adotadas em prol dos interesses do Estado. A razão de Estado lida, em suma, com as ações tomadas em vista do melhor para o Estado, e também com as justificativas para essas ações.* (Gonçalves, 2010, p. 9)

Segundo a concepção maquiavelista, a lei é imperativa e o Estado é um todo orgânico, cujo poder se amplia na medida do seu crescimento. É um ser autônomo, independente, comprometido apenas com sua própria manutenção e existência. Nesse sentido, o governante tem pleno direito de agir sem restrições, em prol de um bem maior, que é o bem do Estado, indo muitas vezes contra a moral, a fé e a religião cristã. As ações do príncipe (sinônimo de governante), independentemente de serem consideradas individualmente boas ou más, devem ser avaliadas por sua eficácia no tocante à preservação dos interesses do Estado, não importando os meios utilizados para se atingir esse fim – o maior de todos.

Quanto à crueldade, Maquiavel adverte: é importante que, se necessárias, as repressões violentas sejam realizadas todas de uma vez só, para não deixar espaço para a resistência. Além disso, partindo-se do pressuposto de que todos os homens são, em sua essência, maus, ao príncipe também é permitido sê-lo – se a situação assim o exigir, pois melhor do que ser amado é ser temido pelos que são governados. Uma das formas de manter esse temor é instituir um constante medo da pena, o medo da morte violenta, consequência do fato de que a vida do súdito pode, a qualquer momento, ser subtraída pelo e em nome do Estado.

Para saber mais

O livro mais importante de Maquiavel, escrito no início do século XVI, apresenta-se como um manual prático do fazer político, uma espécie de guia destinado ao governante interessado em manter o Estado. Marcado pelo pragmatismo, o texto de *O príncipe* discute as maneiras pelas quais um Estado pode sucumbir ou ser conquistado e mantido. A sagacidade, a astúcia e a moralidade prática do governante, bem como a escolha correta de seus assessores, são elementos cruciais, apontados por Maquiavel como os mais determinantes para o sucesso ou a ruína de um governo.

MAQUIAVEL, N. **O Príncipe**. São Paulo: M. Claret, 2013.

Andréa Maria Carneiro Lobo e José Roberto Braga Portella

Bodin e o conceito de soberania

Um dos primeiros teóricos modernos a delinear o conceito de *soberania* foi o jurista francês Jean Bodin (1530-1596). Formado em Teologia e Direito pela Universidade de Paris, foi fortemente influenciado pela tradição da escolástica, pelo humanismo e pelo contexto político de sua época, permeado pelos conflitos entre os católicos e os calvinistas franceses (huguenotes). Bodin trabalhou, ainda, como advogado na corte francesa e essa conjugação de fatores – teóricos e práticos – parece ter exercido influência sobre sua produção bibliográfica, visto que escreveu sobre teoria de Estado, religião, história e economia política.

Suas principais obras são: *Método para a fácil compreensão da História* (1566); *A resposta a M. de Malestroit* (1568); *Os seis livros da República* (1576); e *Demonomania dos feiticeiros* (1586).

Segundo a historiadora Sylvia Lenz (2004), na obra *Método para a fácil compreensão da História*, Bodin disserta sobre o ritmo de ascensão e queda dos Estados e sua relação com costumes, clima e até mesmo o alinhamento das estrelas. Tece, ainda, correspondências entre cronologias diferentes e a exegese bíblica. Nessa obra, em que transparecem sua influência humanista e suas reflexões sobre o direito romano, Bodin propõe uma jurisprudência universal, que teria por base tal direito e que interligaria questões religiosas, políticas e jurídicas. Emprega o método da comparação para estudar leis e regras de diferentes povos a fim de pensar um "direito universal", em oposição a um "direito consuetudinário" – tal qual o que, segundo ele, predominaria entre os huguenotes. Divide, também, a história humana em três grandes estágios: humana, natural e divina (Lenz, 2004).

Na obra *A resposta a M. de Malestroit*, Bodin, ciente das questões econômicas de seu tempo (inflação) e compreendendo a importância de uma boa condição financeira para a estabilidade e a prosperidade do Estado, recorre a um notável rigor lógico e enfatiza a importância da existência de uma **burocracia fiscal** para a **economia mercantil** de um Estado que pretenda ser forte e soberano (Lenz, 2004).

A obra mais importante de Bodin, contudo, é também aquela que melhor expressa sua teoria política, sendo considerada uma das bases teóricas do Estado absolutista. Trata-se de *Os seis livros da República*, escrita em 1576, auge dos conflitos entre católicos e huguenotes na França.

No livro em questão, Bodin primeiramente define *soberania* como o **exercício de autoridade do Estado** como um poder vitalício, pessoal e único sobre as famílias. Segundo o jurista, o único poder superior ao do soberano é o poder do próprio Deus. O poder soberano é definido por Bodin como o único capaz de legislar, no que concerne tanto à ordem pública quanto à soberania nacional. Ele defende, portanto, um **poder coercitivo**, sustentado na lei – que, aplicada por meio dos magistrados e dos soberanos, é imperativa – e na ordem – a única forma de assegurar a paz civil, tão necessária à prosperidade econômica e à manutenção de um exército permanente e do próprio Estado (Lenz, 2004).

Hobbes e o poder do Estado

Thomas Hobbes (1588-1679), filósofo inglês, viveu entre os séculos XVI e XVII e é considerado um dos principais teóricos do **absolutismo**.

Andréa Maria Carneiro Lobo e José Roberto Braga Portella

Na base de sua argumentação, encontramos a ideia de que **o Estado é uma racionalidade necessária**, uma vez que, entregues à própria sorte e dominados pelas próprias paixões, os homens se autoaniquilariam.

A principal obra de Thomas Hobbes é *Leviatã*, publicada em 1651, na qual afirma que a condição natural do homem (sua "insociável sociabilidade") é a principal justificativa para o **pacto social** que instituiu o Estado. O tipo de governo que defende é a monarquia cuja soberania (o poder perpétuo e absoluto de um Estado) seria assegurada pela **força da espada**, já que o Estado seria a única força capaz de assegurar aos homens a paz e a segurança. Esse poder, personificado pelo rei, limitaria as liberdades individuais sob o pretexto maior de manter a vida civil, uma espécie de "pacto de sujeição".

A Inglaterra em que viveu Thomas Hobbes estava imersa em um contexto de reviravoltas e caos social associados à Revolução Puritana (1640-1649) – sobre a qual trataremos mais adiante –, ocasionada por divergências políticas e religiosas entre os reis da dinastia Stuart e os membros do Parlamento (notadamente os chamados *cabeças redondas*, representantes da nobreza aburguesada). Permeado pela turbulenta atmosfera política da sua época, Hobbes desenvolve um **pensamento contratualista** acerca do poder de Estado, com vistas ao estabelecimento das bases teóricas de uma ordem política e social duradoura.

Segundo Lopes (2012), a visão pessimista sobre o homem presente em *Leviatã* também reflete, de certa forma, o contexto em que a obra foi escrita. Como informamos anteriormente, Hobbes opõe um "estado natural" a um "Estado civil". Segundo Hobbes, em seu **estado de natureza**, os homens têm necessidade de satisfazer plenamente todos os seus instintos. Vigoram nessa fase, portanto, o egoísmo e o estado de guerra, cuja consequência seria o medo constante da morte violenta, sem perspectiva nenhuma de futuro, sem tranquilidade. Não há um senso moral, predominando assim o individualismo, sem distinção entre o que pertence a cada um, sem diferenciação entre justo e injusto. Desse modo, sem um poder centralizado ou leis, as noções de *bem* e *mal* se tornam difusas (Lopes, 2012, p. 171).

No entanto, afirma Hobbes, na mesma medida em que as paixões empurram os homens que se encontram no estado de natureza a um estado de guerra constante, é também por egoísmo que alguns desses homens teriam, no passado (o que soa meramente hipotético), acordado ceder parte de suas liberdades individuais para um poder mais forte, centralizado e autoritário, capaz de assegurar a ordem necessária à paz civil.

Desse modo, o Estado, que não faz parte do pacto, é concebido como um **produto da razão humana**, que toma forma como consequência desse pacto estabelecido pela vontade livre dos homens, porque estes desejam a sobrevivência social. A multidão unida em "uma só pessoa" é o Estado, isento de qualquer limite e detentor de toda a autoridade, valendo-se do uso da força para manter a coesão social, princípio da paz civil. A alegoria de que se vale Hobbes para representar essa concepção de Estado é o **Leviatã**. Em uma releitura do monstro bíblico, o Leviatã hobbesiano, que ilustra o frontispício da obra, é uma criatura gigantesca, que tem cabeça de rei, o cetro real nas mãos, e o corpo formado por inúmeras pessoas.

Andréa Maria Carneiro Lobo e José Roberto Braga Portella

Figura 2.1 – Reprodução do frontispício da edição de 1651 de *Leviatã*.

HOBBES, T. **Leviathan**. Inglaterra: Andrew Crooke, 1651.

2.1.5 O Estado moderno português

O Estado português manteve em sua estrutura vários institutos de origem medieval, constituindo-se, dessa forma, no primeiro Estado moderno da Europa – mesmo tendo em sua formação aspectos ambíguos e paradoxais, como especificaremos a seguir.

Origens e expansionismo

Para esclarecer como ocorreu o processo de formação das monarquias nacionais portuguesa e espanhola, precisamos voltar nosso olhar para a Idade Média. No século VIII, a Península Ibérica havia sido conquistada por muçulmanos da dinastia dos omíadas, que estabeleceram a sede de seu califado no Emirado de Córdoba. Posteriormente, os omíadas conquistaram a maior parte da Península Ibérica, dominando quase a totalidade das regiões meridionais e setentrionais. Os antigos territórios em poder de cristãos ocidentais ficaram restritos ao Reino de Astúrias, no extremo norte da península, conforme demonstra o Mapa 2.1.

A presença islâmica na Península Ibérica nunca foi aceita pacificamente pelos cristãos do Ocidente: desde o século X, os dirigentes muçulmanos se viam às voltas com focos de rebeldia que vez ou outra eclodiam no norte. No entanto, foi a partir do século XI que os conflitos entre cristãos e islâmicos se tornaram mais intensos. Aproveitando-se do contexto das cruzadas, nobres europeus – provenientes, sobretudo, da França – passaram a investir seus exércitos contra territórios ibéricos dominados por muçulmanos. Essas investidas caracterizaram o que ficou conhecido como *Guerra da Reconquista*, pois tinham como pretexto reconquistar a Península Ibérica para os cristãos.

Com o apoio da Igreja católica, os nobres, aliados aos cristãos de Astúrias, foram pouco a pouco afastando a presença islâmica da região e estabelecendo reinos cristãos nos territórios reconquistados: o Condado Portucalense, o Reino de Leão, o Reino de Castela, o Reino de Aragão e o Reino de Navarra. O território dos muçulmanos, chamados de *mouros* pelos europeus, ficou restrito à porção central e meridional da Península. O Mapa 2.1 representa essa movimentação e o processo de redefinição territorial na península.

Andréa Maria Carneiro Lobo e José Roberto Braga Portella

Mapa 2.1 – Reinos cristãos na Península Ibérica, séc. X-XII. após a Guerra da Reconquista

Fonte: Elaborado com base em Marques; Costa, 2007.

Observe no Mapa 2.2, a seguir, a transformação ocorrida como consequência da Guerra da Reconquista, que se estendeu entre os séculos XII e XV na Península Ibérica, e verifique como, paulatinamente, os antigos territórios árabes foram conquistados por nobres cristãos. Ducados, feudos e reinos cristãos ali estabelecidos evoluiriam para constituir os Reinos de Portugal e Espanha.

Mapa 2.2 – A reconquista da Península Ibérica, séc. XII-XV

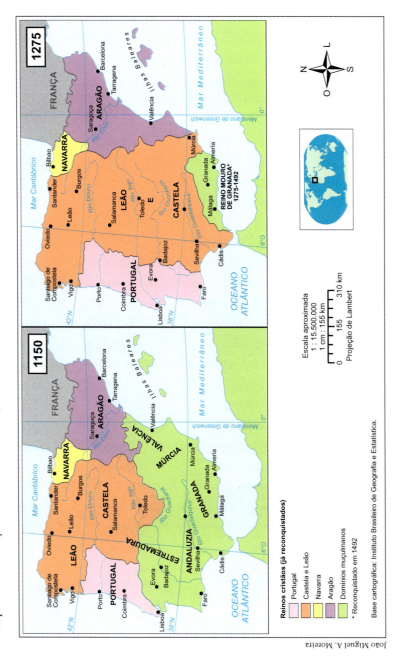

Fonte: Elaborado com base em Arruda, 2002.

Para esclarecermos como aconteceu esse processo, vale retomarmos alguns acontecimentos que se desenrolaram do século XI ao XV. O **Condado Portucalense** foi constituído em 1095 como um feudo, doado pelo rei Afonso VI (1047-1109) – de Leão e Castela – a Henrique de Borgonha em retribuição ao auxílio prestado por este ao rei por ocasião da Guerra da Reconquista. Henrique de Borgonha (1066-1118) recebeu em casamento a mão da filha do rei, Teresa de Leão (1080-1130). O Condado Portucalense compreendia uma grande extensão, que abrangia o antigo Condado de Coimbra (que deixou de existir em 1091), o sul de Galiza e partes de Trás-os-Montes.

No ano de 1139, sob a liderança do conde Afonso Henriques (1109-1185), eclodiu um movimento que lutava para que o Condado Portucalense se tornasse independente do Reino de Leão. Conquistada a independência, o território passou a se chamar *Reino de Portugal*. Afonso Henriques – filho do casal Teresa de Leão e Henrique de Borgonha – tornou-se seu primeiro rei e, com ele, teve início a primeira linhagem dinástica do país, chamada *dinastia de Borgonha*, que expulsou os últimos muçulmanos e deu ao reino contornos muito próximos aos atuais. Porém, em 1383, morreu o último rei dessa fase – que não deixou herdeiros – e a disputa pelo trono ocasionou uma guerra civil em Portugal, pois o rei de Castela queria se apossar do trono. No entanto, apoiado por uma considerável parcela da população mais pobre e por setores da burguesia, foi o meio-irmão do último rei de Borgonha, conhecido como João de Avis (1357-1433), quem assumiu o trono e finalmente unificou o reino, dando início à dinastia de Avis.

Antes, porém, desde 1249, sob o reinado de D. Afonso III, mediante reforma monetária e tabelamento dos preços das mercadorias, ocorreu um aumento da circulação de produtos e a intensificação da atividade monetária e comercial. A primeira bolsa de mercadorias do país foi criada no ano de 1293. Ao longo do século XIV, definidas as bases do território (após a expulsão dos muçulmanos e a resitência às ambições do reino de Leão), Portugal estabeleceu as bases econômicas de sua expansão territorial. Limitado ao leste por reinos mais fortes e maiores, voltou-se, então, para o mar – o até então pouco conhecido e temido "mar-oceano", que hoje é denominado, simplesmente, Oceano Atlântico, em um processo de expansão que teve início junto à costa africana, ainda pouco conhecida, e às ilhas do litoral africano, no sentido sul do oceano.

No Mapa 2.3, estão sinalizadas as principais etapas da expansão marítima portuguesa, entre os séculos XV e XVI. Após a conquista de Ceuta, no norte da África, em 1415, o Estado português seguiu expandindo pelo Atlântico por mais um século e meio – depois da paz com os castelhanos –, até construir o primeiro grande império marítimo da história moderna, que abrangia territórios na Europa, na América, na Ásia e na África.

Andréa Maria Carneiro Lobo e José Roberto Braga Portella

Mapa 2.3 – A expansão marítima portuguesa, séc. XV

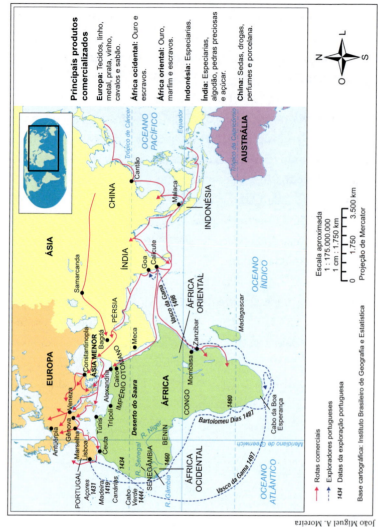

Fonte: Elaborado com base em Arruda, 2002.

2.1.6 O Estado moderno na Espanha

Entre os séculos XVI e XVII, a monarquia espanhola foi uma das mais poderosas da Europa, vindo a declinar somente a partir de 1650, em decorrência de seu envolvimento na Guerra do Trinta Anos e das muitas epidemias que atingiram o reino.

Origens

A monarquia espanhola se constituiu de direito em 1516, momento em que Joana, a Louca (1479-1555), rainha do Reino de Castela, após a morte de sua mãe, Isabel (1504), tornou-se também rainha de Aragão, quando do falecimento de seu pai, Fernando II (1452-1516). Os domínios castelhanos foram expandidos pela anexação do reino muçulmano de Granada a Castela, em 1492 (Mapas 2.1 e 2.2); pela retomada de Roussillon, em 1493; e pela religação do Reino de Navarra, em 1512.

O advento ao trono espanhol de Carlos I (1500-1558) – o Carlos V do Império Romano-Germânico, em 1519, proveniente da dinastia dos Habsburg, juntou os Países Baixos e o Franco-Condado ao mesmo sistema político da Espanha, fazendo desse um dos maiores impérios da Terra.

Castela desempenhou o papel de centro político e administrativo desse império. Era a sede das instituições que atendiam às possessões de seus soberanos – que, por sua vez, formavam conselhos assistidos por uma burocracia numerosa. O órgão comum de governo era o Conselho de Estado. Além deste, havia o Conselho Real ou Conselho de Castela, o Conselho de Aragão, e o Conselho das Índias (instituído em 1524). Esses organismos tinham função legislativa e administrativa e também funcionavam como cortes supremas de justiça.

Andréa Maria Carneiro Lobo e José Roberto Braga Portella

Figura 2.2 – Joana de Castela, a Louca

MESTRE DA MADALENA. **Joana, a Louca**. ca. 1495. Óleo sobre painel, 36 × 24.5 cm. Kunsthistorisches Museum, Viena, Áustria.

Do apogeu à decadência

O reinado do sucessor de Carlos I, Felipe II, que se estendeu de 1555 a 1598, corresponde ao apogeu do poderio espanhol, com Castela ainda ocupando a posição central do império. As outras partes do Reino da Espanha recebiam o impulso que emanava da corte de Castela, mesmo que ainda conservassem seus privilégios feudais: os chamados *fueros*, uma espécie de estatuto jurídico aplicado a determinada localidade. Além disso, Felipe II realizou a unificação das coroas ibéricas ao assumir o trono de Portugal, em 1580.

Contextualizando

Sebastião de Avis (1554-1578) assumiu o trono de Portugal com 14 anos, em 1568. Educado no ardor da fé jesuítica, era entusiasta das batalhas em nome da expansão da fé cristã. Encontrou pretexto para pôr em prática seu ideal quando os muçulmanos passaram a investir contra os territórios portugueses no Marrocos.

Envolvido com a defesa militar e religiosa do império português, resolveu comandar uma expedição de tropas lusas contra a cidade de Fez, então tomada pelos mouros. Os comandantes do exército português o aconselharam a desistir, mas D. Sebastião era obstinado. Em 1578, chegou ao Marrocos com suas tropas. Na **Batalha de Alcácer-Quibir**, foi derrotado pelos muçulmanos e perdeu boa parte de seu exército – os que não morreram, ficaram presos.

Não se sabe ao certo se D. Sebastião morreu na batalha ou depois, mas o fato é que desapareceu, aos 24 anos de idade, sem deixar herdeiros para o trono. Seu corpo não foi encontrado. Tempos depois, alguns homens se apresentaram como sendo D. Sebastião, mas foram desmascarados. Um corpo foi dado como seu e enterrado, mas muitos não acreditaram que fosse dele. Sua história deu origem a lendas segundo as quais ele teria desaparecido para um dia retornar, com seu exército místico, para derrotar os inimigos da fé cristã. Ao conjunto de lendas associadas ao retorno messiânico de D. Sebastião deu-se o nome de *sebastianismo*.

Andréa Maria Carneiro Lobo e José Roberto Braga Portella

Com a morte de D. Sebastião, assumiu o trono português seu tio-avô, o Cardeal Dom Henrique (1512-1580), em 1578, que, em virtude de sua condição religiosa, também não tinha filhos. Em 1580, o falecimento de D. Henrique desencadeou uma crise sucessória no reino português. Com ele, extinguia-se a linha dinástica de Avis, iniciada no século XIV.

Pretendentes oriundos de famílias da nobreza, com maior ou menor grau de parentesco com o rei falecido, apresentaram-se para assumir o trono. No entanto, foi Filipe I (1527-1598)[1], bisneto por linha materna de D. Manuel, o Venturoso (1469-1521), quem conquistou, com suas tropas, o trono português. Como ele era também o rei da Espanha, seu reinado deu origem a um período da história política portuguesa conhecido como *União Ibérica*: período em que Portugal e Espanha formaram um único reino.

No contexto europeu, o século XVII ficou conhecido como o **século de ouro** da Espanha. O império brilhava e continuava sua política imperialista – não tanto como esforço expansionista, mas pela rígida defesa de suas possessões externas. Foi apenas tardiamente que os contemporâneos perceberam os altos custos de tal empreendimento em um momento em que a estagnação econômica e a perda de população tornaram-se problemas graves e exauriram os recursos do Estado.

De acordo com as estimativas menos pessimistas, a população espanhola teria decaído de 8,5 milhões de habitantes para 6,5 milhões entre 1590 e 1650. Mais do que a migração para as Américas (provocada pela colonização espanhola), essa queda populacional teve como causas as várias pestes e epidemias que se alastraram pelo reino nesse

---

1   *É também Felipe II da Espanha.*

período. Além disso, a expulsão dos mouros teve um papel importante, pois calcula-se que 270 mil habitantes se viram obrigados a migrar e abandonar o território espanhol.

As epidemias haviam se tornado recorrentes na Europa mediterrânica ao longo do século XVII, e manifestavam-se em surtos violentos – como em Sevilha, entre 1649 e 1650, onde metade da população foi vitimada pela peste.

Enquanto isso, a sociedade espanhola permanecia dominada pelo alto clero e pela alta nobreza, que vivia um ciclo de redução numérica e de concentração de renda nas mãos de poucos herdeiros primogênitos. Com isso, viu-se crescer a quantidade de pessoas não participantes da vida ativa, os chamados *vadios* – como padres miseráveis, monges errantes, letrados egressos das universidades e que nem sempre encontravam colocação nos quadros burocráticos do Estado espanhol e fidalgos não primogênitos, enfim, o auge do pícaro[2].

Os reinados de Filipe III (1578-1621) e Filipe IV (1605-1665)[3] foram marcados por um abandono do poder nas mãos dos preferidos do rei, como o Duque de Lerma (título de nobreza concedido pelo soberano espanhol primeiramente a Francisco Gomez de Sandoval e Rojas), que controlava, indiretamente, a condução do Estado. Apesar disso, a monarquia ainda funcionava regularmente e seguia os desígnios formulados por Filipe II. Após a morte do Duque de Lerma, o Conde-Duque de Olivares (Gaspar de Grizmán) assumiu a condução do Estado e implementou uma centralização maior, marcada pela substituição dos Conselhos de Estado, da Guerra, das Finanças, das Índias e da Itália, por uma Consulta – um conselho secreto e oficioso. Assim, as atribuições dos conselhos e das cortes foram reduzidas.

---

2   Fazemos aqui remissão à literatura e à cultura picaresca.

3   Respectivamente, Felipe II e III de Portugal.

A partir de então, a monarquia espanhola entrou em derrocada, o que se acentuou ao longo da segunda metade do século XVII. No campo das expressões artístico-literárias, no entanto, esse mesmo período, de desenvolvimento do barroco, representou um grande apogeu, como detalharemos a seguir.

Expressões artístico-literárias

Durante o processo de declínio da monarquia espanhola, a cultura daquele povo se disseminou pela Europa. O movimento humanista ainda não tinha sido sufocado por completo pela Inquisição, apesar da realização de autos de fé como o de Córdoba, em 1627. O teatro, a poesia e o romance tiveram um desabrochar exuberante e produziram nomes como Lope de Vega, Tirso de Molina, Calderón, Góngora, Cervantes e Quevedo, autores de obras que se tornaram marcos da literatura universal. Na pintura, destacam-se, como apontamos nas seções sobre o Renascimento, El Greco, mas também Ribera, Zurbarán, Murillo e, sobretudo, Velázquez.

Uma das obras mais espetaculares do barroco espanhol é, sem dúvida, *As Meninas*, de Diego Velázquez, tela de 1656.

Dentre os aspectos que demonstram a ousadia e a genialidade do pintor espanhol está o fato de que ele se retratou trabalhando em um quadro, do lado esquerdo da obra citada. Seu olhar se dirige para os modelos, o Rei Filipe IV da Espanha e a Rainha Dona Mariana, que se encontram, por dedução, no mesmo lugar que nós, observadores, pois é para nós que a atenção de Velázquez parece estar voltada.

Para alguns críticos, o pequeno retângulo ao fundo, na parede, seria uma espécie de espelho em que se poderia ver o reflexo do casal real. Tratar-se-ia de uma espécie de metalinguagem – ou seja, o pintor usou a arte para se retratar fazendo arte.

A obra, que é permeada por uma combinação espetacular de posições, luzes, perspectivas e espelhos, apresenta, além da porta, ao fundo da tela, o camareiro da rainha, Dom José Nieto. No centro, o observador vê uma menininha loira, a futura rainha Margarita Teresa, ladeada por duas damas de honra, uma chaperone, um guarda-costas, dois anões e um cachorro.

Figura 2.3 – *As Meninas*, de Diego Velázquez

VELÁZQUEZ, D. **As meninas**. 1656. Óleo sobre tela: color.; 3,20 × 2,76 m. Museo del Prado, Madri, Espanha.

O tema primordial da cultura espanhola é certa busca pelo **absoluto**, que pode ser encontrado no misticismo religioso, no sentimento da própria honra (pundonor), no afastamento das atividades econômicas e no nacionalismo do povo.

Do senso de pundonor cavaleiresco derivaram as condutas dos cavalheiros, de modo que ao ideal do cortesão sucedeu o de gentil-homem – expresso no código de honra que deu origem aos duelos tão associados à imagem dos espanhóis, principalmente na literatura (sua maior expressão de sentimento de grandeza). Para esta, a propósito, a luta contra os mouros foi uma fonte inesgotável de histórias.

A Espanha, quer admirada, quer odiada, passou a ser imitada por toda a parte, incluindo-se os países protestantes. Foi também nesse período que começou a se difundir a lenda do ogro espanhol sedento de sangue, fruto das histórias dos corsários ingleses e holandeses que com eles se enfrentavam em suas escaramuças nos mares. Nasceu, também, a imagem do mata-mouros, herói jactancioso e atarantado, símbolo dos dissabores da política e da economia espanholas.

Com a aproximação do final do século XVII, em virtude da crise da monarquia, da crise demográfica e do abalo sofrido com a Guerra dos Trinta Anos, a Espanha deixou de ser o modelo que inspirava os demais países europeus e, ao menos nesse quesito, acabou substituída pela França.

2.1.7 O ABSOLUTISMO FRANCÊS

A monarquia, como sistema, pressupõe o funcionamento de uma corte, cujo centro é a figura do soberano. No caso francês, a corte foi itinerante no tempo dos Valois, mas depois se fixou em Paris, em Fontainebleau e, principalmente, em Versalhes, sob a dinastia dos **Bourbon.**

Foi durante o período regido pelos Bourbon que a monarquia nacional francesa se consolidou, abrindo caminho – sobretudo com os reinados de Louis XIII (1601-1643) e Louis XIV (1638-1715) – a uma **monarquia absolutista.** A dinastia dos Bourbon iniciou-se em 1589, quando Henri IV[4] assumiu o trono francês e se prolongou até o reinado de Louis XVI (1754-1793).

Ao longo dos séculos XVII e XVIII, fortaleceu-se naquele país o poder real, amparado, entre outras bases, sobre uma sofisticada sociabilidade que tinha a corte como epicentro. A corte francesa era, por excelência, uma corporificação geométrica das hierarquias, que partia da família real e chegava até os mais simples fidalgos. Segundo o historiador Emmanuel Le Roy Ladurie (1929-),

> *o espírito hierárquico fixa-se em alguns aspectos: subdivisão cada vez mais extensa das posições, ao longo de um eixo vertical, que desce da família real aos simples fidalgos, passando pelos duques e pares. Referência às distinções entre o sagrado e o profano; e também entre o puro e o impuro, o bastardo e o legítimo.* (Le Roy Ladurie, 1994. p. 15)

O centro do governo, portanto, era a **corte,** que acompanhava o rei em seus deslocamentos. Constituía-se, essencialmente, por aqueles que prestavam serviços reais. Seus órgãos principais eram a câmara, a capela, a cavalariça, e o Conselho do Rei (composto por grandes

---

4   *Henri III de Navarra.*

Andréa Maria Carneiro Lobo e José Roberto Braga Portella

oficiais da Coroa, além de grande número de dignitários convocados pelo monarca). Além disso, havia um conselho menor, secreto e restrito, formado por alguns membros dos outros órgãos já citados e que recebiam privilégios do soberano.

Os grandes dignitários da corte eram o chanceler, que presidia o Conselho na ausência do rei; o almirante; o condestável, que comandava o exército na ausência do soberano; e o grão-mestre, que dirigia a casa do monarca. Em conjunto com os grandes dignitários, trabalhava um corpo de secretários de Estado, comissários e funcionários oficiais. Esse corpo se especializou em questões militares, de justiça, de administração e se expandiu ao longo do século XVI, apesar da crise provocada pelas guerras religiosas vividas na França a partir de 1560 – entre elas os conflitos entre os huguenotes e os católicos, conforme revelamos no Capítulo 1.

O fortalecimento da monarquia francesa

O édito publicado em 1562, ao reconhecer os huguenotes, buscava estimular uma relação de tolerância religiosa entre protestantes e católicos (ao menos no seio da nobreza). No entanto, revelou-se incapaz de impedir o conflito que se estendeu daquela data a 1598. Nesse período, o reino francês quase foi à ruína por conta dos conflitos e das guerras. O restabelecimento só foi possível, em 1598, com o Édito de Nantes. Essa proclamação retomava as disposições dos éditos anteriores – que buscavam uma situação de tolerância religiosa que ultrapassasse o dito *une foi, une loi, un roi* (uma fé, uma lei, um rei) –, mas teve a singularidade de ser seguido e aplicado.

A respeito de suas relações com a Espanha, em 1597, a liberdade de culto foi permitida nas áreas onde isso já era praticado e, em maio do mesmo ano, foi concluído um tratado segundo o qual a Espanha aceitava o retorno das cláusulas previstas em Cateau-Cambrésis, e a França salvava sua independência e território. Dessa forma, ficava acertado, pela **Paz de Vervins**, o fim das intervenções da monarquia espanhola (católica) nas guerras religiosas francesas.

A monarquia francesa saiu das guerras de religião reforçada em seus princípios. A reconstrução econômica se tornou o veículo para a paz e para a reconciliação internas. Henri IV, por exemplo, reeditou o édito sobre os ofícios de 1581 em 1597. Enfrentou, contudo, uma onda de desconfiança com relação aos propósitos de sua política interna e externa e, em consequência disso, sofreu uma série de atentados. Seu rompimento com a Espanha, em 1610, agravou a situação. Seu assassinato, naquele mesmo ano, tornou-o um mártir.

Com Henri IV teve início, como já indicamos, a dinastia dos Bourbon, que governou o país entre o início do século XVII e o final do século XVIII. Ao longo dessa dinastia e, em especial, durante os reinados de Louis XIII, XIV e XV, a monarquia absolutista francesa se consolidou, passando a constituir uma poderosa máquina estatal em torno da figura do rei (auxiliado pelos ministros, como os cardeais Richelieu e Mazarin) e perfeitamente encarnada por Louis XIV, que costumava dizer: *"L'État c'est moi"* (O Estado sou eu).

Andréa Maria Carneiro Lobo e José Roberto Braga Portella

Figura 2.4 – Louis XIV, da dinastia Bourbon, conhecido como *Rei Sol*

RIGAUD, F. J. H. **Louis XIV**. 1701. Óleo sobre tela: color.; 277 × 194 cm. Musée du Louvre, Paris, França.

A decadência da dinastia dos Bourbon e da monarquia francesa teve início ao findar do reinado de Louis XV, com a Guerra dos Sete Anos (1756-1763), da qual os franceses saíram derrotados perante a Inglaterra, perdendo territórios coloniais. Outro fator importante foi o envolvimento da França, já sob o reinado de Louis XVI, na Guerra de Independência dos Estados Unidos, em 1776 e 1781. O contexto de crise econômica, o caos social e o desmando político culminaram na Revolução Francesa (1789), que destituiu a monarquia absolutista e aprovou a decapitação do Rei Louis XVI e da Rainha Marie-Antoinette, em 1792. Trataremos desses acontecimentos mais adiante, na seção referente à Revolução Francesa.

A sociedade de corte

Nesta seção comentaremos brevemente o conceito de *sociedade de corte*, desenvolvido pelo sociólogo alemão Norbert Elias (1897-1990), que remete às especificidades da sociabilidade durante o Antigo Regime no tocante às relações estabelecidas na corte, em torno da figura dos reis, notadamente tendo como referência a corte francesa.

A expressão **sociedade de corte** foi cunhada por Elias (2001) e aparece no livro escrito por ele, de título homônimo. Essa obra, embora tenha sido finalizada em 1933, como tese de habilitação quando Elias era professor assistente na Universidade de Frankfurt, só foi publicada em 1969. O motivo do atraso foi a ascensão do regime nazista na Alemanha dos anos 1930, que obrigou Elias, de ascendência judaica, a se exilar em Paris e, posteriormente, em Londres.

Nessa obra, Elias realiza um estudo sociológico da corte dos reis da França no período situado entre os reinados de François I e Louis XIV, ou seja, do século XVI até meados do século XVIII. O objetivo do sociólogo não foi fazer um inventário político do período, mas entender como se constituiu aquela forma particular de sociedade, em que a corte desempenhou um papel tão decisivo. Dessa forma, Elias estudou o Antigo Regime sob o prisma de uma formação social específica – a corte – que o caracteriza e qualifica, configurando um sistema em torno do qual se organizava o conjunto das relações sociais do período em questão.

A sociedade de corte, segundo Elias (2001), pode ser entendida como uma configuração social específica e complexa, diferente da sociedade feudal, por exemplo, e da sociedade industrial e burguesa

Andréa Maria Carneiro Lobo e José Roberto Braga Portella

do século XIX. Isso em virtude da importância que a corte adquiriu nos países europeus a partir da Renascença. Esse fenômeno atingiu seu ápice sob o reinado de Louis XIV, período no qual o rei, embora inserido na corte (sendo ele mesmo um membro da nobreza), tornou-se seu centro, de forma que seu poder ultrapassou o exercido por seus antecessores.

Elias afirma que um dos fenômenos que explicam essa mudança de equilíbrio entre o poder dos reis e o da nobreza foi o **processo inflacionário** vivido pela França. Esse processo está relacionado ao aumento do afluxo de metais preciosos em decorrência da exploração colonial e à consequente desvalorização da moeda. Boa parte da nobreza francesa do período tirava seus ganhos de rendimentos fixos, ligados à terra. Com o processo inflacionário, o que ganhavam com a venda de seus produtos não era suficiente para suprir seus gastos, cada vez mais voluptuosos (Elias, 2001).

Endividados, muitos perderam suas terras para os credores e passaram a buscar o abrigo da corte palaciana como forma de manter seu *status* e sua fonte de renda. O rei foi o único nobre que não foi abalado pelo processo inflacionário, uma vez que os rendimentos do Estado vinham dos impostos – aliás, pelo contrário: seu poder aumentou e seus rendimentos, também.

Criou-se, então, uma rede de interdependência entre a monarquia, em ascensão, e a nobreza palaciana, decadente. A base dessa interdependência era o dinheiro, principal dispositivo de dominação da nobreza pelo rei. Este, por sua vez, ampliou seu espaço e seu poder com a **profissionalização do exército** – pois, com recursos suficientes para manter um exército profissional remunerado, os reis não necessitavam mais dos serviços militares da nobreza para defender o reino. Assim, segundo Elias (2001), a nobreza palaciana estava totalmente dependente dos recursos do monarca para manter seu *status*, enquanto o rei, ele próprio um nobre, beneficiava-se desse processo, ampliando sua ingerência e sua influência.

> *Sendo assim, enquanto a nobreza – que vivia essencialmente de suas terras no final do século XVI e começo do XVII, praticamente sem participar dos movimentos comerciais de sua época – empobrecia em decorrência da inflação, os recursos do rei, por diversos meios (sobretudo provenientes dos impostos ou da venda de cargos oficiais), não só podiam subir acompanhando a inflação, como chegaram a aumentar muito além disso, em consequência da crescente riqueza de certas camadas obrigadas a pagar impostos. Esses rendimentos cada vez maiores que afluíam para os reis, em virtude da peculiaridade de seu posicionamento na figuração da sociedade estatal, com o crescimento urbano e comercial desta, foram uma das condições mais decisivas para o relativo acréscimo do poder real. Distribuindo dinheiro a serviço de sua soberania, eles criaram o aparelho de poder.* (Elias, 2001, p. 166)

Um dos aspectos dessa sociedade ancorava-se na delicada rede de interdependência entre rei e corte manifestada de forma não declarada, mas representativa mediante estratégias de figuração em que cada elemento desempenhava determinado papel, como em uma grande, cotidiana e dinâmica representação teatral. Como consequência, institucionalizou-se, na corte de Versalhes, um cerimonial de sociabilidade pautado em um ritual permeado por gestos, ações e representações que funcionavam como um verdadeiro espetáculo orquestrado. Esse espetáculo, ao mesmo tempo que envolvia um numeroso séquito de ministros, assessores, conselheiros, dignitários, familiares e serviçais, cada um desempenhando funções específicas na dinâmica da corte – e todos competindo entre si –, colocava como centro de tudo o rei, transformando todo e qualquer gesto, ação ou palavra sua em uma solenidade, uma verdadeira **ritualização da**

vida real, como destaca o historiador Peter Burke (1937-) no livro *A fabricação do rei*:

> Hoje o nome "Versailles" evoca não somente uma construção mas um mundo social, o da corte, e em particular a ritualização da vida cotidiana do rei. Os atos de levantar de manhã e ir para a cama de noite foram transformados nas cerimônias do lever[5] e do coucher[6] – sendo a primeira dividida em duas etapas, o petit lever[7], menos formal, e o grand lever[8], mais formal. As refeições do rei também foram ritualizadas. Luís podia comer mais formalmente (o grand couvert[9]) ou menos formalmente (o petit couvert[10]), mas até as colações menos formais, o três petit couvert[11], incluíam três serviços e muitos pratos. Essas refeições eram encenações perante uma audiência. Era uma honra ser autorizado a ver o rei comer, honra ainda maior receber uma palavra sua durante a refeição, honra suprema ser convidado a servi-lo ou a comer com ele. (Burke, 1994, p. 99)

A quem interessava e quem se beneficiava dessa ritualização institucionalizada do cotidiano da corte, que tinha como centro do espetáculo o rei? Segundo Elias (2001), tanto o rei quanto os membros da corte se fortaleciam em suas posições com tais práticas. Os membros da corte cada vez mais buscavam, por um lado, aumentar seu prestígio perante seu soberano, disputando posições no cerimonial de sua vida cotidiana na mesma medida em que marcavam território

---

5   *Levantar.*

6   *Deitar.*

7   *Pequeno levantar.*

8   *Grande levantar.*

9   *Grande refeição.*

10   *Pequena refeição.*

11   *Refeição ligeira entre as principais.*

e, usando-se do refinamento, da etiqueta e da distinção, buscavam se diferenciar, dos setores da burguesia, em franca ascensão econômica. Entre as atitudes que, de alguma forma, ainda identificavam a nobreza cortesã e a diferenciavam dos membros da plebe e da burguesia estavam as boas maneiras, o requinte, o bom gosto, a etiqueta, os gestos, o manejo da esgrima, e outros elementos que demarcavam seu território e seu poder em relação aos outros setores sociais – frisando, também, seu lugar junto ao rei e longe do povo.

Para isso, era necessário, sempre e constantemente, inovar, na forma de cortejar alguém, na maneira de falar, de ceder a vez ou a passagem a alguém de condição inferior... Essas eram algumas das atitudes que demostravam, no âmbito das relações sociais, que a honra que o nobre desejava preservar estava longe de ser a que outrora defendia nos duelos. Nos tempos modernos, só quem tinha honra é que poderia cedê-la a alguém; e mais: era pela exteriorização dos atos que se comprovava a natureza de quem os externava. Portanto, era-se nobre de direito, mas também pelas demonstrações exteriores.

Com relação às posições no cerimonial real, podemos afirmar que, na corte de Louis XIV, os nobres tiveram todo o seu esplendor representado ao lado do poder real. Do adormecer ao despertar do rei, bem como em todas as atitudes públicas por ele tomadas, ser nobre era se fazer presente, esmerar-se para subir um degrau a mais na escalada do prestígio. E, para isso, qualquer ato que legitimasse sua posição (por mais banal e singelo que fosse) era válido.

O palácio como espaço de representação social

O palácio se constituía, segundo Norbert Elias (2001), em um **núcleo articulador de tramas sociais**, no interior do qual a estrutura cortesã encontrava-se firme, protegida, mas, ao mesmo tempo, frágil. Tal fragilidade se explica porque qualquer mudança na preferência do rei,

Andréa Maria Carneiro Lobo e José Roberto Braga Portella

ocasionada por um deslize de qualquer um de seus súditos mais fiéis, podia acarretar um desequilíbrio e, pior, o enfraquecimento das relações entre nobreza e Estado. Isso poderia abrir caminho para os burgueses, ansiosos por conquistar a última fatia de poder que lhes faltava.

Figura 2.5 – Vista do Palácio de Versalhes, França, a partir da Praça das Armas

MARTIN, P.-D. **Versalhes**. 1722. Óleo sobre tela: color.; 143 × 152 cm. Museé National du Chatêau, Versalhes, França.

Essa constante ameaça à sociedade de corte aprofundou-se no reinado de Louis XVI, no final do século XVIII, quando tanto os segmentos populares quanto os burgueses já não toleravam mais a existência de uma corte parasitária em um Estado autoritário. Burgueses imitavam nobres, comprando títulos; vestiam-se à moda da época, pressionando os cortesãos a fazerem seu papel nos palácios muito mais por obrigação e por necessidade de preservação do que pelo prazer de se mostrar diferente.

Na Figura 2.6, é possível observar o luxo e requinte de uma reunião entre os nobres. Na cena retratada, nobres, aristocratas e dignatários participam de um banquete regado a champanhe e ostras.

Figura 2.6 – *O almoço de ostras*, de Jean-François de Troy

TROY, J.-F. de. **O almoço de ostras**. 1734-1735. Óleo sobre tela: color.: 180 × 126 cm. Museé Condé, Chantilly, França.

A sociabilidade entre os nobres tornou-se cada vez mais tensa, visto que um procurava adquirir prestígio às custas do declínio do outro. O apoio da Igreja não era mais suficiente e muitos nobres passaram a fazer acordos com a burguesia para não se arruinarem de todo. A cultura popular passou a ser abandonada pela burguesia, em sua ânsia de imitar os nobres, que, por sua vez, tentavam desesperadamente inovar para não serem imitados.

Foi nessas condições que a sociedade francesa presenciou, na transição do século XVIII para o XIX, a **ascensão da burguesia**, que consumou seu poder material pela aquisição do poder político e vice-versa, estabelecendo um novo "reinado" no Ocidente: o reinado do **capitalismo**, do dinheiro.

Em suma, a sociedade de corte no período do Antigo Regime apresentou-se como uma rede de relações frágeis e complexas, que foram se desvinculando para formar, após esse desmembramento, outras estruturas. Estas deram margem a uma série de outras novas relações – não tão frágeis, porém igualmente suscetíveis a mudanças extremamente rápidas. Tais transformações ocorreram ao sabor não mais de regras de etiqueta ou prestígio, mas dos interesses daqueles que passariam a deter o poder econômico, conquistando, graças às revoluções burguesas do final do século XVIII, todos os outros poderes.

2.1.8 O CASO DA INGLATERRA

O reino da Inglaterra englobava, além do território inglês, País de Gales e o litoral irlandês (Pale). Sob o reinado de Henry VII (1457-1509) e durante o início do de Henry VIII (1491-1547), a modesta e eficiente monarquia inglesa valia-se de um conselho privado semelhante ao francês, composto por um reduzido número de altos dignitários: chanceler, tesoureiro, guarda do selo privado, e alguns outros, todos convocados pelo rei. Já o Parlamento era composto pela Câmara dos Lordes (mais numerosos em eclesiásticos do que em laicos), e pela Câmara dos Comuns, cujo corpo de deputados era constituído por um quarto de cavaleiros eleitos pelos arrendatários livres dos condados, e o restante, por burgueses eleitos pelos burgos.

Contextualizando

O termo *eclesiástico* vem do grego *ekklesiastikós* e do latim *ecclesiasticus*. Na Grécia Clássica, *ekklesia* era a designação que se dava à assembleia que se reunia na Ágora para deliberar sobre o que era de interesse da pólis. Uma *ekklesia*, portanto, era um conjunto de pessoas reunidas para determinado fim. Nos primórdios do cristianismo, por volta dos séculos I e II da nossa era, o termo foi empregado pelas comunidades cristãs para se autodefinirem. Do termo grego, portanto, se desenvolveu o conceito latino de *comunidade eclesiástica*, dirigida pelos clérigos – indivíduos letrados considerados os líderes desses grupos. Os analfabetos, por sua vez, eram chamados de *leigos*. Com o tempo, os vocábulos *clérigo* e *leigo* passaram a distinguir, nas comunidades religiosas, os sacerdotes e bispos – daqueles que só participavam das cerimônias ou que nelas atuavam de forma secundária, sem ter nenhum tipo de ordenação sacerdotal.

A já mencionada reforma anglicana, ocorrida na Inglaterra no século XVI (conforme informamos no Capítulo 1) e levada a cabo por Henry VIII, permitiu ao rei aumentar seu poder e reforçar sua autoridade. O Ato de Supremacia, de 1534, tornou-o chefe da Igreja anglicana e possibilitou a venda de bens monásticos, rendendo ao Tesouro Real a fortuna de 1,5 milhão de libras esterlinas.

Andréa Maria Carneiro Lobo e José Roberto Braga Portella

Após os reinados dos filhos de Henry VIII, Edward VI (1537-1553) e Mary I (1516-1558), essa última mais conhecida por ter restaurado o catolicismo no reino inglês e por ter perseguido ferozmente os protestantes (entre 283 e 300 deles foram mortos na fogueira durante seu reinado), subiu ao poder a filha que o monarca teve com Ana Bolena, Elizabeth I (1533-1603).

Para saber mais

Estrelado por Cate Blanchett, *Elizabeth* é uma superprodução, que conferiu à atriz australiana o Globo de Ouro por sua atuação. O longa é ambientado na Inglaterra de 1550, dividida entre protestantes e católicos, e governada por Maria I. É nesse contexto que sobe ao trono, em 1558, Elizabeth, a segunda rainha da Inglaterra. Na obra, são abordados aspectos relativos aos primeiros anos de seu governo.

ELIZABETH. Direção: Shekhar Kapur. Reino Unido/EUA: Universal Pictures, 1998. 124 min.

Elizabeth I reinou de 1558 até sua morte, em 1603. Em seu reinado, demonstrou um forte comprometimento com o exercício do cargo real, abstendo-se até mesmo de se casar e garantir uma dinastia para manter o controle sobre o Estado. Tornou-se uma espécie de campeã do protestantismo por seu enfrentamento com Filipe II, rei da Espanha, um país católico.

A rainha reduziu os poderes do parlamento em prol do conselho privado, o que levou, também, a uma redução do poder do chanceler e do lorde do selo privado. Essa situação criou as condições para um exercício de poder absoluto por parte da monarca. Assim, ela pôde conduzir a consolidação do anglicanismo e realizar a expansão da Inglaterra. Tais ações traduziram-se em condições que propiciaram um avanço demográfico importante (apesar das pestes de 1563, 1578-1583 e 1593) e em um notável crescimento da indústria e do comércio marítimos entre 1560 e a segunda metade do século XVII. O dinamismo da Inglaterra elizabethana refletiu-se no gosto, partilhado por ingleses das várias camadas da população, por cerimônias faustosas, cavalgadas e teatro, nos moldes em que o país aparece na obra de William Shakespeare.

Após a morte de Elizabeth I, em 1603, uma nova dinastia entrou em ascensão: a Dinastia Stuart, inciada por James I (1567-1625). Homem bem-instruído e com habilidades políticas, realizou a união dos reinos da Inglaterra e da Escócia. O novo rei inglês também escreveu *O dom real*, tratado no qual defendia o direito divino dos reis.

Seu filho e sucessor, Charles I (1600-1649), entrou em conflito com o Parlamento, mesmo tendo feito inúmeras concessões, as quais acabaram se mostrando prejudiciais a ele. O desenvolvimento econômico iniciado por Elizabeth I ampliou-se e a indústria progrediu. Os negociantes e armadores, enriquecidos pelo comércio com as Índias, também ampliaram seus negócios, em um espírito que mesclava capitalismo e puritanismo. Os baronetes – uma espécie de título de baixa nobreza criado por James I – pleitearam uma maior participação no Parlamento. Foi entre os quadros mais ativos dentre esses baronetes que se formou a oposição ao rei e à aristocracia, a qual resultou em uma guerra civil e na Revolução Inglesa, tema que comentaremos mais adiante.

Andréa Maria Carneiro Lobo e José Roberto Braga Portella

2.1.9 ENQUANTO ISSO, NO ORIENTE...

Ao longo da Idade Moderna, enquanto no Ocidente se firmavam as monarquias nacionais e os governos absolutistas, uma força poderosa se firmava do Oriente Médio ao Leste Europeu: o Império Turco-Otomano.

Os turcos otomanos chegaram à Anatólia (Ásia Menor) vindos da Ásia Central no ano 1200, na companhia de povos nômades e mercadores fugitivos das conquistas mongóis. Os otomanos gradualmente se aproximaram de seus antigos suseranos em Constantinopla, e a tomaram em 1453. O ordenamento realizado pelos otomanos teve como base os preceitos bizantinos e romanos – da burocratização aos banhos –, e manteve muitas características de uma herança centro-asiática, bem como a disciplina e a seriedade moral do Islã.

Os otomanos exigiam receber escravos como tributo das populações submetidas a seu poder. Esses servos realizavam as tarefas mais árduas e também colocavam à disposição suas habilidades, as quais poderiam proporcionar-lhes alguma retribuição aos serviços prestados a seus amos. Como exemplo, podemos mencionar que a dinastia Köprülü de grão-vizires, dominante em boa parte do final do século XVII, descendia de um jovem escravo albanês.

Para os otomanos, a conquista de unidade e paz tinha consequências paradoxais: o comércio florescia; a população crescia e afluía para as cidades; os preços subiam. Esse período de prosperidade e estabilidade perdurou aproximadamente de 1650 a 1730.

O Império Otomano do século XVI buscou conter o avanço português no Oceano Índico, estendendo seu próprio poder à embocadura do Mar Vermelho. Com esse esforço, controlou a maioria das cidades e rotas comerciais do Iêmen por algumas décadas. Ao final do século XVII, só restavam poucos postos avançados sitiados.

No Mapa 2.4, podemos visualizar o território desse império durante o século XVI.

Mapa 2.4 – Império Otomano no século XVI

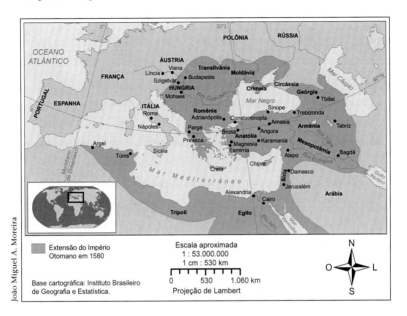

Fonte: Adaptado de The Urban Imagination, 2017.

(2.2)
A Europa em expansão

Nesta seção, abordaremos o tema da expansão ultramarina europeia na Idade Moderna, focando nos séculos XV a XVII e destacando as principais motivações do **expansionismo marítimo**, bem como as mudanças relacionadas à economia, à política e à sociedade europeia decorrentes desse processo.

2.2.1 A BUSCA POR ESPECIARIAS E NOVAS ROTAS MARÍTIMAS

No início do século XV, a Europa vivia uma espécie de crise de identidade, sobretudo em virtude das diretrizes expansionistas firmadas pela Igreja católica em um contexto pós-cruzadas. De acordo com Portella (2006, p. 64):

> No alvorecer do século XV a Europa encontrava-se em busca da sua própria identidade. A Igreja Católica Romana havia formulado uma diretriz bem definida por ocasião das Cruzadas, no que dizia respeito aos anseios de expansão existentes entre os europeus ocidentais. A intensificação dos contatos ocorridos entre cristãos ocidentais e povos muçulmanos, principalmente a partir do século XI, havia resultado numa crescente familiarização com as estruturas comerciais mouras – envolvendo portos, produtos, riquezas –, assim como dos usos e costumes destes, por parte dos europeus.

No século anterior, o fervor das transações comerciais havia alavancado o desenvolvimento de centros comerciais movimentados e bem-localizados, que abriram caminho para novas realidades, até então desconhecidas. Surgiram, assim, mercadorias que despertaram a cobiça dos europeus (Portella, 2006). Joias, especiarias e artigos de luxo passaram a compor essa nova realidade. Esse luxo, todavia, não era barato, e demandava, entre outras coisas,

> uma articulação perfeita de segmentos muito diversos e paz e segurança nos largos percursos a vencer. As especiarias não se encontravam à boca da barra, por assim dizer, e o mesmo acontecia com as sedas, cujos lavrados e trama permitem, ainda hoje, apesar de deslustrados pelo tempo, admirar a beleza e opulência. (Araújo, 1992, p. 4)

As especiarias, originárias de áreas distantes da Ásia, eram transportadas por mar até chegarem aos portos da Península Arábica – do Suez ou do Golfo Pérsico –, quando então passavam a ser compradas por venezianos e genoveses e carregadas por caravanas ao longo de trajetos imemoriais. Ao atingirem os portos do Mediterrâneo oriental – nas cidades de Alexandria, Beirute e Trípoli –, eram então estabelecidas as relações comerciais com os mercadores venezianos, florentinos e genoveses, para que os italianos abastecessem as sub-rotas de distribuição das desejadas mercadorias.

Do mesmo modo, os produtos de origem chinesa percorriam trajetos de grande extensão e dificuldade, atravessando a Ásia Central e chegando ao Mar Negro, onde encontravam os estabelecimentos italianos sediados em Constantinopla e na Crimeia.

Nessa época, eram três as principais regiões e rotas do comércio interno e externo europeu:

- **Rota genovesa** – Dominada por comerciantes italianos da cidade de Gênova, percorria regiões da Itália, da Espanha, do norte da África e de Constantinopla, além de regiões banhadas pelo Mar Negro e pelo Mar Egeu. Pelas rotas monopolizadas pelas cidades italianas de Gênova e Veneza eram transportados, do Oriente Médio, tapetes e sedas de Bagdá, brocados de Damasco, e perfumes da Arábia. Da África, eram carregados algodão, marfim, ouro em pó, peles, plumas e pimenta malagueta. Da China saíam sedas e porcelanas, principalmente. Da Índia e do Extremo Oriente, interessavam além de algodão, produtos como cravo, canela, pimenta, cânfora, noz-moscada e gengibre, entre outras especiarias que serviam para temperar e conservar os alimentos.

Andréa Maria Carneiro Lobo e José Roberto Braga Portella

- **Rota veneziana** – Dominada por comerciantes da cidade italiana de Veneza, partia da Itália e passava por regiões da Espanha, da Inglaterra, da França, do norte da África, do Mar Egeu, do Líbano, da Palestina e de Constantinopla. Por ela passavam os mesmos produtos que trafegavam pela rota genovesa.

- **Rota hanseática** – Partia da Inglaterra e percorria as regiões banhadas pelo Mar do Norte e pelo Mar Báltico, chegando a regiões da Península Escandinávia e da Rússia. Os mercadores que transitavam nessa rota se reuniam em uma grande confederação, chamada *Liga Hanseática*. As feiras por eles abastecidas tinham como principais centros as cidades de Lubeque, na Alemanha; Londres, na Inglaterra; e Bruges, em Flandres (província do atual país da Bélgica). Os mercadores que controlavam essa rota e que compunham a dita liga comercializavam, sobretudo: corantes, vidro, vinho, tecidos de lã, sal, cereais, armas, chumbo e ferro.

Observe, no Mapa 2.5, as principais rotas, entrepostos e produtos do comércio internacional europeu do século XIV e XV.

Mapa 2.5 – As principais rotas do comércio europeu nos séculos XIV e XV

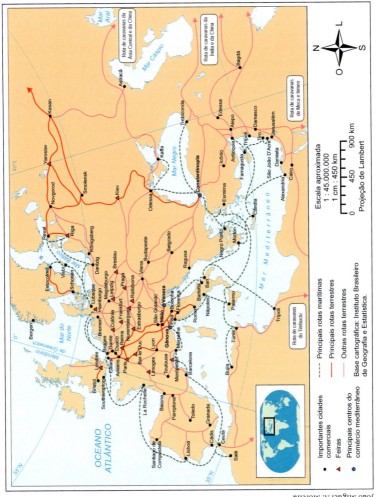

Fonte: Adaptado de Arruda, 2002.

Contextualizando

Entre as cidades italianas, havia bastante rivalidade, ocasionada pela disputa das rotas marítimas e terrestres de acesso aos locais de origem das mercadorias exóticas por eles comercializadas. O mesmo fato não se observava entre os mercadores alemães: por volta de 1241, os comerciantes de dezenas de cidades da Alemanha se uniram em uma organização para defender seus interesses e unificar seus negócios. O objetivo era unir esforços para proteger os comerciantes germânicos contra o ataque de salteadores e piratas e impedir que mercadores estrangeiros atuassem entre os mares Báltico e do Norte. A Liga Hanseática ou Liga Teutônica era liderada pelas cidades de Lubeque e Hamburgo e viveu sua fase de maior apogeu entre os séculos XIII e XV, vindo a experimentar depois um período de decadência – persistindo, no entanto, até meados do século XVII.

2.2.2 A EXPANSÃO ULTRAMARINA

Se comparados aos comerciantes orientais, os europeus não dispunham de produtos igualmente valiosos para contrabalançar suas trocas comerciais, motivo por que recorriam ao pagamento em ouro e prata. Isso tornava escassas suas reservas de metais preciosos, obrigando-os, por um lado, a procurar vias diretas de contato com o Oriente desde fins do século XIII e, por outro, expandir seu território e explorar regiões com fontes abundantes de metais (Araújo, 1992).

Além das proibições papais acerca da comercialização com os ditos "infiéis" (muçulmanos), havia os perigos das rotas terrestres, monopolizadas por estes, e as incertezas da rota mediterrânica. O Estado português, nesse sentido, foi pioneiro na exploração de uma nova rota marítima – a rota atlântica – que estabeleceu as bases da expansão ultramarina moderna com a conquista de Ceuta, em 1415, e a viagem conduzida por Vasco da Gama, que levou os portugueses até Calicute, na Índia.

Da mesma forma e na mesma época, o descobrimento da América pelo genovês Cristóvão Colombo, a serviço da Coroa Espanhola, em 1492, e o subsequente processo de ocupação ibérica da América – tanto pelos espanhóis quanto pelos portugueses – a partir de 1500 representaram uma mudança extraordinária sob vários aspectos – tanto na mentalidade quanto no direito, na economia, nas relações sociais e na cultura ocidentais.

O expansionismo ibérico representou, por um lado, a possibilidade de se ter acesso direto aos mercados orientais, sem a necessidade da presença de atravessadores italianos e árabes. Por outro lado, o descobrimento e a exploração da América, por parte dos espanhóis e dos portugueses, a partir do século XVI, representaram uma possibilidade real de expansão territorial para além da Europa. As terras até então desconhecidas abriram acesso a novas fontes de metais preciosos, geraram a produção de artigos tropicais e sua subsequente venda na Europa e possibilitaram a expansão do catolicismo para além dos estreitos limites impostos pelo avanço do movimento reformista europeu. A solução adotada pelos europeus para explorar os recursos

Andréa Maria Carneiro Lobo e José Roberto Braga Portella

daquele vasto território foi a retomada da prática da escravidão, que logo se transformou em negócio lucrativo para os mercadores portugueses, mediante a conquista estratégica de territórios africanos e a integração econômica entre o tráfico de mão de obra humana no litoral oeste africano e a exploração, por exemplo, da cultura canavieira no litoral leste da América portuguesa.

As monarquias ibéricas tornaram-se, assim, no raiar da Modernidade, as duas maiores potências coloniais do continente, conquistando, mantendo e explorando uma fatia considerável do mundo, conforme podemos visualizar no Mapa 2.6, a seguir, que representa os domínios dos impérios coloniais português e espanhol, no século XVI. Convém relembrarmos que, ao final daquele mesmo século, com a União Ibérica, todo esse império esteve, pelo período de 60 anos (1580-1640), sob o domínio único da Espanha.

Mapa 2.6 – Império Espanhol durante o reinado de Filipe II (1556-1598)

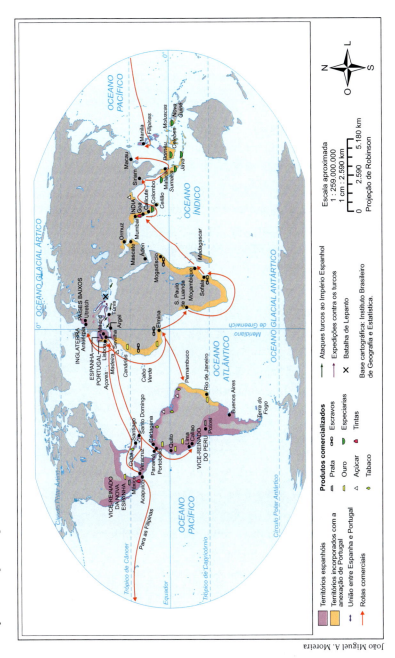

Síntese

Neste capítulo abordamos os temas que seguem:

- O conceito de *Estado moderno*.
- A origem do Estado moderno, relacionada à crise do feudalismo, ao renascimento urbano e comercial ocorrido no Ocidente europeu entre os séculos XV e XVII, e à ascensão da burguesia e das monarquias nacionais.
- Os fatores relacionados à constituição do Estado moderno, como o desenvolvimento das línguas francas nacionais; o impulso do comércio; e o favorecimento da instrução graças à difusão da imprensa.
- Os conceitos de *absolutismo* e de *mercantilismo* – este como política econômica do absolutismo –, bem como suas características.
- Os principais teóricos do Estado moderno, destacando-se alguns dos aspectos centrais de seu pensamento, a saber:
  - Nicolau Maquiavel e a razão própria do Estado.
  - Jean Bodin e o conceito de *soberania*.
  - Thomas Hobbes e o poder do Estado.
- As origens, o apogeu e o expansionismo da Estado moderno português.
- O Estado moderno na Espanha, desde sua consolidação e expansão, até sua decadência, destacando-se, ainda, expressões artístico-culturais de seu apogeu.
- O absolutismo francês: antecedentes, especificidades e evolução.
- O absolutismo na Inglaterra.
- O paralelo no mundo árabe.
- A expansão da Europa e sua busca por novas rotas marítimas – as rotas genovesa, veneziana e hanseática –, além da expansão ultramarina.

Atividades de autoavaliação

1. Quais são os elementos característicos do Estado moderno?
   a) A descentralização, o monopólio da Igreja Católica, as relações de reciprocidade entre suseranos e vassalos, e a economia de subsistência.
   b) O expansionismo industrial em busca de territórios e regiões fornecedoras de matéria-prima na Ásia e na África.
   c) O fortalecimento e a centralização das decisões políticas, o monopólio da violência, a expansão ultramarina e colonialista, e o estímulo às práticas comerciais, bem como à acumulação de metais (metalismo).
   d) Nenhuma das alternativas anteriores.

2. Nicolau Maquiavel defendia o monopólio dos bens estatais nas mãos dos governantes e a repressão dos interesses particulares em prol do interesse do Estado para que houvesse:
   a) o favorecimento de um pequeno grupo: a burguesia.
   b) a manutenção do Estado – interesse comum de todos os súditos e sem o qual todos sucumbiriam.
   c) a manutenção da moral católica e cristã, sem a qual o Estado sucumbiria.
   d) fortalecimento dos vínculos entre os reis e seus vassalos.

3. Acerca das Guerras de Reconquista e sua relação com o expansionismo português e espanhol, é correto afirmar que:
   a) se deram no mesmo contexto do movimento das Cruzadas e representaram a tentativa de retomada de territórios situados na Península Ibérica para a cristandade.
   b) ao longo de pouco mais de três séculos, territórios antes em poder dos árabes e situados na Península Ibérica

foram tomados por nobres europeus, com o apoio da Igreja Católica; ali, se desenvolveram reinos dos quais se originaram as monarquias nacionais portuguesa e espanhola.

c) a herança dos conhecimentos árabes referentes à navegação e à localização geográfica da Península Ibérica favoreceu os reinos de Portugal e Castela (atual Espanha), colocando essas monarquias da dianteira do expansionismo ultramarino dos séculos XV e XVI.

d) Todas as alternativas estão corretas.

4. Leia com atenção o texto a seguir, sobre o Estado francês, e indique se as alternativas são verdadeiras (V) ou falsas (F):

Sendo assim, enquanto a nobreza – que vivia essencialmente de suas terras no final do século XVI e começo do XVII, praticamente sem participar dos movimentos comerciais de sua época – empobrecia em decorrência da inflação, os recursos do rei, por diversos meios (sobretudo provenientes dos impostos ou da venda de cargos oficiais), não só podiam subir acompanhando a inflação, como chegaram a aumentar muito além disso, em consequência da crescente riqueza de certas camadas obrigadas a pagar impostos. Esses rendimentos cada vez maiores que afluíam para os reis, em virtude da peculiaridade de seu posicionamento na figuração da sociedade estatal, com o crescimento urbano e comercial desta, foram uma das condições mais decisivas para o relativo acréscimo do poder real. Distribuindo dinheiro a serviço de sua soberania, eles criaram o aparelho de poder.

(Elias, 2001, p. 166)

( ) Entre os séculos XVI e XVII, a nobreza foi o segmento que, paradoxalmente, mais enriqueceu, enquanto o poder dos reis enfraquecia.

( ) Uma das bases da supremacia real e do fortalecimento da soberania na França ao longo da Idade Moderna foi o crescimento da riqueza do Estado, decorrente da arrecadação de impostos.

( ) Enquanto as camadas menos favorecidas empobreciam em virtude da inflação, os ganhos reais só aumentaram entre os séculos XVI e XVII, oriundos, sobretudo, da venda de cargos oficiais.

( ) A nobreza, a partir do século XVII, passou a viver exclusivamente do comércio, em virtude da diminuição das rendas provenientes de suas terras.

Assinale a alternativa que apresenta a sequência correta de preenchimento:

a) V, V, F, F.
b) F, V, V, F.
c) V, F, F, V.
d) V, F, V, F.

5. Acerca da expansão ultramarina e colonial europeia, nos séculos XV e XVI, é correto afirmar:

a) Inglaterra e França saíram na frente das demais monarquias nacionais, pois já eram amplamente consolidadas no século XVI e, ao contrário de outros impérios, não enfrentaram o problema das guerras religiosas.

b) Repúblicas e reinos italianos, que, até meados do século XV, dominavam as rotas do comércio mediterrânico, saíram na frente na expansão ultramarina do século XVI, conquistando territórios no Oriente, na África e na América.

c) Tendo se consolidado ao longo dos séculos XIV e XV, os reinos de Portugal e Castela (Espanha), herdeiros da tradição árabe nos estudos náuticos e geográficos, saíram na frente na expansão ultramarina e colonial moderna, ao desafiar o Oceano Atlântico em busca de uma rota alternativa de acesso às especiarias e aos artigos de luxo provenientes do Oriente.

d) Enquanto as monarquias nacionais europeias vivenciavam, entre os séculos XV e XVII, um período de expansão colonial e ultramarina, o Império Turco-Otomano entrou em colapso político e econômico.

Atividades de aprendizagem

Questões para reflexão

1. Leia o texto a seguir e, na sequência, responda às questões propostas.

Três razões fazem ver que este governo (o da monarquia hereditária) é o melhor. A primeira é que é o mais natural e perpetua a si próprio. A segunda razão é que esse governo é o que interessa mais na conservação do Estado e dos poderes que o constituem: o príncipe, que trabalha para o seu Estado, trabalha para os seus filhos, e o amor que tem pelo seu reino, confundindo com o que tem pela sua família, torna-se-lhe natural. A terceira razão tira-se da dignidade das casas reais. A inveja, que se tem naturalmente daqueles que estão acima de nós, torna-se aqui em amor e respeito: os próprios grandes obedecem sem repugnância a uma família que sempre viram como superior e à qual se não conhece outra que a possa igualar. O trono real não é o trono de um homem, mas o trono do próprio Deus. Os reis são deuses e participam de alguma maneira da independência divina. O rei vê de mais longe e de mais alto: deve acreditar-se que ele vê melhor, e que deve obedecer-se-lhe sem murmurar, pois o murmúrio é uma disposição para a sedição. (Bossuet, citado por Freitas, 1977, p. 201)

a) Que razões, segundo Jacques Bossuet, justificam sua opção pela monarquia hereditária?

b) De que maneira a tese da teoria do direito divino dos reis é expressada no texto de Bossuet?

c) Em sua opinião, de que maneira textos como esse ajudaram a consolidar o poder absoluto dos reis ao longo dos séculos XVII e XVIII?

2. Analise com atenção o texto a seguir, referente ao mercantilismo. Em seguida, responda às problematizações propostas.

Caros e bem-amados: fomos advertidos de que, para importar no nosso reino tecidos de ouro e de seda, cada ano sai dele a quantia de quatro ou cinco mil escudos de ouro aproximadamente, o que é coisa apreciável... e porque seria bem cômodo introduzir no nosso reino a arte de fazer os ditos tecidos de ouro e de seda, especialmente na nossa cidade de Lião, onde a dita arte já foi iniciada por particulares, considerando o grandiosíssimo bem que daí poderá advir para o interesse público, ordenamos introduzir a dita arte na nossa cidade de Lião e por esta causa fazer vir para ela homens e mulheres experientes... (dando assim trabalho a) cerca de dez mil pessoas presentemente ociosas. (Louis XI, citado por Freitas, 1977, p. 58, v. 2)

Andréa Maria Carneiro Lobo e José Roberto Braga Portella

a) Que tipo de documento foi aqui citado? Quem é o autor?
b) Após pesquisar a cidade de Lião, responda: a qual reino o autor do texto acima está diretamente ligado? Qual era a função do autor nesse reino?
c) Qual é o assunto tratado no texto?
d) Considerando o tema abordado no documento e o texto anterior, sobre o mercantilismo, explique de que modo agiam os reis empenhados em fortalecer o comércio de seus países com relação aos artigos manufaturados e às matérias-primas.

3. Considerando os elementos associados ao crescimento do poderio espanhol entre o século XVI e primeira metade do século XVII apresentados no texto lido na atividade anterior:
a) Explique a relação entre esses elementos e a expansão espanhola.
b) Que fatores contribuíram para a diminuição da população espanhola e, consequentemente, para uma crise demográfica na segunda metade do século XVII?

Atividades aplicadas: prática

1. Considerando o que estudou neste capítulo, escreva um diário de bordo, apontando a sua trajetória pelos principais conteúdos, conceitos e noções trabalhadas, destacando também os aspectos em que você considera que sua aprendizagem se deu de forma mais significativa, e as questões em que teve mais dificuldade.

Capítulo 3
Sociedade,
revoluções e conflitos

(3.1)

O Iluminismo

"O homem nasce livre, e em toda parte é posto a ferros. Quem se julga o senhor dos outros não deixa de ser tão escravo quanto eles" (Rousseau, 1999, p. 23). A frase de Jean-Jacques Rousseau (1712-1778), filósofo suíço considerado um dos principais expoentes do pensamento europeu no século XVIII. Embora não possa ser considerado exclusivamente um iluminista – pois fazia sérias críticas à cultura da ilustração, e seu pensamento se alinhava mais ao que, no século seguinte, configuraria os princípios do romantismo –, Rousseau foi um incisivo defensor da liberdade e da dignidade humanas. Esses temas foram evocados por outros pensadores do século XVIII e acabaram instigando movimentos liberais que, iniciados na Inglaterra e na França, fariam ruir o absolutismo monárquico.

O Iluminismo (ou Ilustração) está no cerne desses movimentos e é sobre ele que trataremos a seguir, iniciando pelas ideias de René Descartes (1596-1650), filósofo francês que lançou as bases do racionalismo moderno.

3.1.1 O *COGITO* DE RENÉ DESCARTES

Nascido na França e de origem aristocrática, René Descartes foi filósofo, físico e matemático. Viveu intensamente as tensões de sua época: foi admirador de Galileu, engajou-se nas tropas bávaras durante a Guerra dos Trinta Anos (1618-1648), foi tutor da rainha Cristina da Suécia (1626-1689), educado na tradição escolástica, mas, ao mesmo tempo, crítico do tomismo. Todos esses aspectos estão presentes em suas obras – sobretudo em seu ceticismo perante o conhecimento e o homem, típico da atmosfera reinante naqueles tempos de guerras

Andréa Maria Carneiro Lobo e José Roberto Braga Portella

religiosas, e nas contradições de sua fé (católico de formação, viveu grande parte de sua vida na Holanda protestante).

Desde suas primeiras obras, é evidente sua angústia com relação às possibilidades do conhecimento humano e seu intento de **vencer o ceticismo absoluto**. Publicou, em 1628, *Regras para a direção do espírito*, pequeno livro em que defende a unidade do espírito humano, em meio à diversidade dos objetos de pesquisa. Esse pensamento culminaria na criação de um método universal, capaz de conduzir o intelecto na direção de verdades irrefutáveis. Nessa mesma época, começou a preparar um tratado sobre física, influenciado pelas ideias de Galileu Galilei, mas renunciou à publicação da obra em 1633, quando tomou conhecimento da condenação do estudioso italiano. Em 1637, publicou três livros científicos: *A dióptrica, Os meteoros* e *A geometria*. A coleção ficou mais conhecida pelo prefácio do que pelo conteúdo. Intitulado *Discurso sobre o método*, o pequeno texto apresentava a concepção cartesiana de *método*. Amparado na matemática com em suas longas cadeias de raciocínio, o método cartesiano apresentava as principais etapas de um conhecimento que pretendia atingir **verdades indubitáveis**, constituindo-se, dessa forma, como **científico e universal**.

Sua obra-prima, no entanto, viria em 1641: *Meditações metafísicas*. Assolado pela dúvida cética, Descartes narra como seu pensamento chegou a duvidar não apenas da possibilidade do conhecimento, mas de sua própria existência. Foi então que, no movimento de um pensamento que pensa no limite de suas possibilidades, atingiu uma ideia clara e distinta: poderia duvidar de tudo, menos do fato de que, persistindo a dúvida, persistia o pensamento, e essa era sua única certeza: pensava, portanto, necessariamente existia – ideia que, celebremente, expressou por meio da expressão latina *"cogito ergo sum"* (penso, logo existo).

Passemos, pois, aos atributos da alma e vejamos se há alguns que existam em mim. Os primeiros são alimentar-me e caminhar; mas, se é verdade que não possuo corpo algum, é verdade também que não posso nem caminhar nem alimentar-me. Um outro é sentir; mas não se pode também sentir sem o corpo; além do que, pensei sentir outrora muitas coisas, durante o sono, as quais reconheci, ao despertar, não ter sentido efetivamente. Um outro é pensar; e verifico aqui que o pensamento é um atributo que me pertence; só ele não pode ser separado de mim. Eu sou, eu existo: isto é certo; mas por quanto tempo? A saber, por todo o tempo em que eu penso; pois poderia, talvez, ocorrer que, se eu deixasse de pensar, deixaria ao mesmo tempo de ser ou de existir. Nada admito agora que não seja necessariamente verdadeiro: nada sou, pois, falando precisamente, senão uma coisa que pensa, isto é, um espírito, um entendimento ou uma razão, que são termos cuja significação me era anteriormente desconhecida. Ora, eu sou uma coisa verdadeira e verdadeiramente existente; mas que coisa? Já o disse: uma coisa que pensa. [...] Que é uma coisa que pensa? É uma coisa que duvida, que concebe, que afirma, que nega, que quer, sente. (Descartes, 1987. p. 6)

Para René Descartes (1987), só a **razão** seria capaz de formular ideias claras e distintas, sendo, por isso, possível conhecer a verdade por meio dela. No entanto, para orientar esse conhecimento que se pretende verdadeiro e evitar que se perca em seus próprios sofismas, é necessário que seja conduzida pelo método, amparado nas cadeias do raciocínio matemático e inspirada por pretensões metafísicas.

A apologia cartesiana à razão e a seu poder de conduzir o espírito a ideias claras e distintas foi deslocada pelos filósofos que o sucederam do campo meramente epistemológico para o campo político e religioso, algo que o próprio Descartes nunca pretendeu. É esse deslocamento do **racionalismo moderno** para o pensamento da

Andréa Maria Carneiro Lobo e José Roberto Braga Portella

filosofia política que caracterizou o que se convencionou charmar ***Iluminismo*** ou ***Ilustração***.

No dicionário filosófico organizado pelo filósofo italiano Nicola Abbagnano (1901-1990), o verbete *iluminismo* é definido como: "linha filosófica caracterizada pelo empenho em estender a razão como crítica e guia a todos os campos da experiência humana" (Abbagnano, 1998, p. 534).

Esse esforço em estender o domínio da razão a todos os campos da experiência humana mobilizou teóricos ingleses e franceses que viveram entre os séculos XVII e XVIII, em meio aos abusos cometidos por reis absolutistas e pela Igreja. Pela determinação com que defenderam a relação entre razão e conhecimento – ou entre razão e esclarecimento, razão e emancipação – e pela convicção de que só as luzes da razão poderiam dissipar as trevas representadas pela dominação do homem pelo Estado e pela religião, o conjunto de seu pensamento, de caráter iluminista, constituiu uma poderosa arma de crítica e desestruturação do Antigo Regime.

3.1.2 O LIBERALISMO DE JOHN LOCKE

Na esteira do pensamento cartesiano, dentre os primeiros teóricos a estender o domínio do pensamento racionalista à crítica política, contestando o poder absoluto das monarquias em vista da racionalidade e da liberdade natural do homem, destaca-se o teórico político inglês John Locke (1632-1704). No livro *Dois tratados sobre o governo civil*, publicado em 1690, Locke critica fortemente a tese de Robert Filmer (1588-1653), cientista político que, em sua obra *O patriarca* – publicada postumamente, em 1680 –, defendia convictamente o absolutismo. Locke postula a **origem consensual e popular dos**

governos, os direitos naturais dos homens (notadamente à liberdade, à vida e à propriedade) e o **liberalismo**, contestando a tese do inatismo absolutista.

> *A liberdade natural do homem deve estar livre de qualquer poder superior na terra e não depender da vontade ou da autoridade legislativa do homem, desconhecendo outra regra além da lei da natureza. A liberdade do homem na sociedade não deve estar edificada sob qualquer poder legislativo exceto aquele estabelecido por consentimento na comunidade civil; nem sob o domínio de qualquer vontade ou constrangimento por qualquer lei, salvo o que o legislativo decretar, de acordo com a confiança nele depositada. Portanto, a liberdade não é o que Sir Robert Filmer nos diz [...] "uma liberdade para cada um fazer o que quer, viver como lhe agradar e não ser contido por nenhuma lei". Mas a liberdade dos homens submetidos a um governo consiste em possuir uma regra permanente à qual deve obedecer, comum a todos os membros daquela sociedade e instituída pelo poder legislativo nela estabelecido. É a liberdade de seguir minha própria vontade em todas as coisas não prescritas por esta regra; e não estar sujeito à vontade inconstante, incerta, desconhecida e arbitrária de outro homem: como a liberdade natural consiste na não submissão a qualquer obrigação exceto a da lei da natureza.* (Locke, 2001, p. 42)

Em linhas gerais, em Locke há os pressupostos de que, na condição de seres racionais, os **seres humanos nascem iguais e livres**, sendo de sua natureza o direito à vida e à propriedade, e de que **toda lei civil precisa derivar dessa lei natural**. Ao renunciar a esses pressupostos naturais, portanto, os governos renunciariam à própria condição humana.

Andréa Maria Carneiro Lobo e José Roberto Braga Portella

3.1.3 A CRÍTICA DE JEAN-JACQUES ROUSSEAU À DESIGUALDADE

Jean-Jacques Rousseau nasceu em Genebra, em uma família de origem francesa. Após uma infância trágica (marcada pela morte da mãe, pelo abandono do pai e pela criação por tios protestantes), passou a se dedicar aos estudos (literários, teóricos e filosóficos). Com 16 anos, iniciou uma série de viagens pela Europa, e atraiu o interesse de uma rica dama da alta sociedade francesa da qual se tornou protegido, tendo rompido com ela somente em 1742.

Entre os 20 e 30 anos, viveu como professor, copista e secretário. Por essa época, seu interesse por música cristalizou-se na composição de sua primeira ópera. Inscrito no concurso da Academia de Dijon, conquistou o primeiro lugar com o livro *Discurso sobre as ciências e as artes*, em 1750. O ambiente cultural em que passou a circular favoreceu sua aproximação com os entusiastas do Iluminismo – entre eles, os enciclopedistas Denis Diderot (filósofo) e Jean le Rond d'Alembert (matemático e filósofo) –, e recebeu um convite para escrever dois verbetes em sua enciclopédia, obra máxima da ilustração francesa: o verbete sobre música e o verbete sobre política econômica.

Em 1755, escreveu *Discurso sobre a origem da desigualdade entre os homens*, no qual, entre outras coisas, defendia que **o homem, em seu estado natural, é bom, sendo o fator social o responsável por sua corrupção.** Para ele, a desigualdade é um dos grandes empecilhos ao pleno desenvolvimento da liberdade, questionando a distribuição desigual da riqueza. Tanto no texto sobre as ciências e as artes quanto no discurso sobre a origem da desigualdade, o autor destilou sua crítica aos refinamentos da civilização e da cultura que, por um lado, cultuava a ilustração, a razão e a liberdade, mas, por outro, permitia a permanência da desigualdade, dificultando, assim, o pleno desenvolvimento da perfectibilidade – aspecto intrínseco ao homem em seu estado natural.

A partir dessa época, o filósofo suíço passou a criticar veementemente os refinamentos da civilização e cultivar uma vida solitária e próxima à natureza. Escreveu, em 1758, a *Carta a d'Alembert*, em que criticava o teatro e em consequência da qual conquistou a inimizade do enciclopedista. Entre 1761 e 1762, em meio a uma forte tribulação, escreveu algumas de suas obras mais famosas: *A nova Heloísa*, *O contrato social* e *Emílio*. Escritas em meio à expansão do ideário iluminista, as ideias políticas e religiosas contidas nessas obras foram rejeitadas de forma contundente pela intelectualidade francesa "ilustrada" a ele contemporânea e condenadas pelas autoridades, o que obrigou Rousseau a passar anos na errância e no anonimato. Passou a cultivar ideias de perseguição e alimentar o desejo de justificar sua vida e sua obra para a posteridade, escrevendo o livro *Confissões*, publicado postumamente. Foi alvo das críticas severas do iluminista francês Voltaire, o que insuflou a população a apedrejar sua casa e a queimar seus livros. Morreu 11 anos depois, em 1778, no auge da Revolução Francesa. *O contrato social* passou a ser amplamente lido e debatido, sendo considerado uma das principais referências teóricas daquele movimento revolucionário.

Os princípios do direito político

A visão iluminista de que à razão caberia a tarefa de dissipar as trevas da ignorância e do obscurantismo político e religioso é objeto de intenso debate nas obras de Rousseau. Para o autor, a razão manifesta no conhecimento só encontra sentido se consegue responder perguntas como: O que eu posso fazer? O que realmente é importante? Para que serve o conhecimento? Segundo o autor André de Queiroz Lucena (2009), para Rousseau, o conhecimento tem por finalidade a **ação** e a **transformação**. Nesse sentido, torna-se imperativo que se operacionalize em princípios que garantam a **liberdade natural do homem** e viabilizem seu aperfeiçoamento.

Já em seu livro *Discurso sobre as ciências e as artes*, Rousseau aponta para o quanto as ciências, as letras e as artes poderiam não apenas favorecer a ostentação e a desigualdade – se não estivessem permeadas por uma reflexão ética e política – como também ocultar os grilhões da dominação política.

Aquilo que Rousseau chamava de "vulgarização do valor da razão" só reafirmaria e favoreceria o individualismo e a desigualdade. Em outros termos, um exame crítico da razão exigiria fazer também um exame crítico da sociedade – o que, inevitavelmente, desembocaria em um **debate político**. O pensador também denuncia que a sociedade, glorificada pelas luzes da razão, era corrupta e desigual, e questiona: Qual é a origem disso? Destoando de teóricos políticos anteriores, Rousseau defende uma visão diferenciada do chamado *estado de natureza*. Para ele, o homem, em seu estado natural, distinguia-se dos demais seres por sua **racionalidade** e por sua **perfectibilidade**.

Em meio a uma sociedade que se dizia moderna, Rousseau questiona como entender a desigualdade (que impede a liberdade) e a corrupção (o avesso da perfectibilidade). Qual seria a saída? A resposta, afinal, seria o **conhecimento** – mas não aquele especulativo, e sim o comprometido com a vida social (política) e com o estabelecimento de princípios que assegurassem a conciliação entre liberdade e perfectibilidade, tendo em vista a **justiça** (um direito político).

O autor se pergunta como conseguir isso. A resposta é dada em *O contrato social*: tomando a **vontade geral** como condutora da política, como soberana e com primazia diante das vontades individuais – em suma, a vontade geral como origem e meta do contrato social. No entanto, para que se atinja o patamar de uma vontade geral soberana, condutora da vida social e política, se faz mister o desenvolvimento da igualdade e o aperfeiçoamento da educação, elementos abordados nas obras *Emílio* e *Discurso sobre a origem da desigualdade entre os homens* (Rousseau, 2005).

3.1.4 O CONCEITO KANTIANO DE *ESCLARECIMENTO*

Dentre os teóricos do Iluminismo, destaca-se também o filósofo alemão Immanuel Kant (1724-1804), considerado um dos maiores filósofos de todos os tempos. Não detalharemos aqui a totalidade de sua importante trajetória filosófica; voltaremos nosso interesse a um texto em particular, que pode ser considerado um verdadeiro manifesto iluminista. Trata-se de *Resposta à pergunta: o que é o esclarecimento?*, publicado em 1783.

Immanuel Kant nasceu em Köninsberg, na Prússia Oriental (atual Kaliningrado, na Rússia). Entre suas principais obras estão: *A crítica da razão pura*, *A crítica da razão prática*, e *A crítica do juízo*. Sua proposta filosófica buscou romper com os sistemas racionalistas então vigentes. Kant critica-os porque desconsideram o valor da **experiência** como forma de conhecimento e acreditam que os conceitos produzidos pela razão reproduziriam a verdade sobre a essência dos objetos conceituados.

Ao chamar a atenção para as **limitações da razão**, o filósofo prussiano visava libertar o conhecimento do dogmatismo e ampliar suas perspectivas mediante um posicionamento autocrítico.

O teórico comparou o efeito de sua proposição à revolução promovida pela afirmação de Nicolau Copérnico – que, no século XVI, afirmara que o Sol (e não a Terra) constituía o centro do sistema em torno do qual orbitavam os demais planetas (inclusive o nosso). Kant

Andréa Maria Carneiro Lobo e José Roberto Braga Portella

qualifica sua afirmação de que o **sujeito** – e não o objeto – constitui o centro em torno do qual gravita o conhecimento como uma "segunda revolução copernicana".

Em 1783, na obra *Resposta à pergunta: o que é esclarecimento?*, Kant afirma que *esclarecimento* é a capacidade de um indivíduo de se **libertar de sua menoridade autoimposta**. E essa menoridade diz respeito à incapacidade de pensar por si mesmo, relacionada, em grande parte, segundo o autor, à covardia e à preguiça: é muito mais cômodo, afinal, ser "menor". Se tenho alguém que pensa por mim, por que irei me esforçar para pensar?

> *A preguiça e a covardia são as causas pelas quais uma tão grande parte dos homens, depois que a natureza de há muito os libertou de uma direção estranha* (naturaliter maiorennes)*, continuem no entanto de bom grado menores durante toda a vida. São também as causas que explicam por que é tão fácil que os outros se constituam em tutores deles. É tão cômodo ser menor. Se tenho um livro que faz as vezes de meu entendimento, um diretor espiritual que por mim tem consciência, um método que por mim decide a respeito de minha dieta etc., então não preciso esforçar-me eu mesmo. Não tenho necessidade de pensar, quando posso simplesmente pagar; outros se encarregarão em meu lugar dos negócios desagradáveis.*
> (Kant, 1985, p. 100)

Sair da "menoridade", pensar por nós mesmos, sem a necessidade de tutores que determinem o curso do nosso pensamento, seria um ato de coragem – tanto no tempo de Kant quanto no nosso. A principal dificuldade reside no fato de que, em um contexto isento de liberdade, pensar de forma autônoma torna-se um desafio constante, especialmente porque a grande maioria de nós se sente segura sob a guarda de tutores que, de bom grado, domesticaram as massas, chamando-lhes constantemente a atenção para os **perigos de um pensamento emancipado.**

A imensa maioria da humanidade [...] considera a passagem à maioridade difícil e além do mais perigosa, porque aqueles tutores de bom grado tomaram a seu cargo a supervisão dela. Depois de terem primeiramente embrutecido seu gado doméstico e preservado cuidadosamente estas tranquilas criaturas a fim de não ousarem dar um passo fora do carrinho para aprender a andar, no qual as encerraram, mostram-lhes em seguida o perigo que as ameaça se tentarem andar sozinhas. (Kant, 1985, p. 102)

Em um ambiente intelectual marcado pelo avanço dos ideais iluministas, Immanuel Kant declara que é possível que um público se torne esclarecido, e se lhe for concedida a **liberdade**, isso é quase inevitável. Afinal, sempre existirão indivíduos entre as grandes massas domesticadas capazes de pensar autonomamente e de espalhar a centelha da **vocação racional** existente em todo ser pensante, vocação que não o predispõe senão para a maioridade.

No entanto, é possível que esse mesmo público, outrora conduzido ao jugo, venha a se rebelar contra quem pense diferente, pois, por ser questionadora, tal postura incomoda, desassossega. Segundo Kant, revoluções podem resultar na queda de despotismos, mas não necessariamente provoca reformas no modo de pensar das pessoas, uma vez que essa revolução específica pressupõe o **pensamento autônomo**, algo que só ocorre quando se dá o pleno exercício da **vocação racional.** Não há esclarecimento se não houver liberdade, mas de que liberdade Kant está falando? "A de fazer um *uso público* de sua razão em todas as questões" (Kant, 1985, p. 65).

Eis, segundo o filósofo, o aspecto mais complexo da questão: a liberdade do uso público da razão, em diferentes questões, é justamente o que os tutores não querem que os homens façam: "Ouço, agora, porém, exclamar de todos os lados: *não raciocineis!* O oficial diz: não raciocineis, mas exercitai-vos! O financista exclama: não raciocineis, mas pagai! O sacerdote proclama: não raciocineis, mas crede!" (Kant, 1985 p. 104).

Só o **esclarecimento**, nesse contexto, permite o pleno desenvolvimento da liberdade, que, em sua essência, é a liberdade de fazer o uso público da razão. Não há esclarecimento sem liberdade e esta não avança sem o esclarecimento.

3.1.5 A ESCRITA DA ENCICLOPÉDIA

Na Idade Média, os grandes temas teóricos e científicos eram discutidos nas universidades e nos mosteiros. Já na Era das Luzes (como ficou considerado o período iluminista), os espaços preferenciais em que se desenrolavam os animados debates – entre intelectuais eram os cafés, os salões (nos quais aconteciam encontros realizados sob a proteção de alguma grande dama da sociedade), os clubes masculinos e as lojas maçônicas. Algumas cortes europeias também acolhiam os iluministas, estimulando seus estudos, como é o caso do Rei Friedrich II, da Prússia.

> ## Contextualizando
>
> A **maçonaria** é uma sociedade secreta que teve suas origens no final da Idade Média, entre os membros das corporações de construtores. Esses senhores se reuniam em locais específicos, as chamadas *lojas maçônicas*, onde compartilhavam conhecimentos relacionados a seu ofício. Para ser membro, era necessário passar por um ritual

de iniciação, que variava de loja para loja. Todos se tratavam por *irmãos* e se auxiliavam mutuamente (inclusive financeiramente).

Ao longo da Idade Moderna, as lojas maçônicas abriram suas portas para filósofos, místicos, teóricos e pessoas ligadas a outros ofícios, tornando-se um lugar de debate político e gestação de ideias. Tais grupos foram fundamentais para a difusão do pensamento iluminista e para a articulação da Revolução Francesa. No Brasil, os maçons envolveram-se com o episódio da proclamação da nossa independência. Não obstante, tanto na Europa quanto no Brasil, foram alvo de perseguição política e religiosa a partir da segunda metade do século XIX.

O produto dessa movimentação intelectual foi uma intensa produção de romances, peças de teatro, poemas, tratados científicos e obras filosóficas publicadas em livros, expressas em cartas (como as inúmeras escritas por Voltaire), ou, simplesmente – e principalmente – impressas em panfletos – o veículo preferido de divulgação do pensamento iluminista.

Por meio de panfletos – baratos, fáceis de transportar e mais difíceis de serem apreendidos pela censura dos reis –, as ideias da Era das Luzes atingiam facilmente todos os públicos – até a maioria de analfabetos que existia, por exemplo, na França. Isso porque seu conteúdo podia ser conhecido por meio das leituras realizadas em praça pública.

Contudo, talvez o maior símbolo impresso de toda essa movimentação intelectual tenha sido a **Enciclopédia**, finalizada em 1772.

Andréa Maria Carneiro Lobo e José Roberto Braga Portella

Figura 3.1 – Capa da primeira edição da *Encyclopédie ou dictionnaire raisonné des sciences, des arts et des métiers*

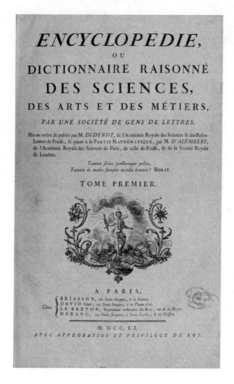

DIDEROT, D.; D'ALEMBERT, J. Le R. **Encyclopédie ou Dictionnaire raisonné des sciences, des arts et des métiers. 1751.**

Composta de 35 volumes e organizada, primeiramente, por Jean le Rond d'Alembert e depois por Denis Diderot, a monumental obra organizada em 28 volumes, continha mais de 70 mil artigos e mais de 3 mil ilustrações. A publicação continha verbetes sobre as mais diversas áreas do conhecimento, dando preferência aos temas científicos tratados sob uma perspectiva **secular**. A secularização, aliás, é uma das principais "bandeiras" da proposta iluminista.

3.1.6 Do Iluminismo ao Liberalismo Econômico

Também no campo da teoria econômica, podemos perceber a influência dos ideais liberais, especialmente na defesa de preceitos favoráveis à **liberdade** e à **independência** do mercado em relação aos governos. Na França e na Inglaterra, principalmente, desenvolveram-se movimentos que afirmavam, por um lado, o valor da riqueza proveniente da natureza e da agricultura e, por outro, destacavam o trabalho como gerador de toda riqueza. Tais ideias constituem a base do **fisiocratismo** e do **liberalismo econômico**, as principais correntes economicistas do período e notadamente influenciadas pelos ideais da Ilustração. Esses grupos atacavam, desse modo, o centralismo absolutista e defendiam a necessidade de uma mínima intervenção dos Estados na economia de seus países para que atingissem o sucesso e a riqueza. Dentre as principais correntes do pensamento econômico dessa época destacam-se, portanto, os fisiocratas e os liberais.

- **Fisiocratas franceses:** A expressão *fisiocrata* deriva de dois vocábulos gregos: *physis* (o que é natural, que vem da natureza) e *cratos* (poder). Os adeptos a essa escola defendiam o fim do mercantilismo e da intervenção do Estado na economia. Eram favoráveis ao livre comércio e acreditavam que a terra (e, portanto, a agricultura) era a maior fonte de riqueza. Entre seus maiores expoentes estão Vincent de Gournay (1712-1759) e François Quesnay (1694-1774)

- **Liberais ingleses:** A escola liberal desenvolveu-se na Inglaterra e seus principais expoentes foram Adam Smith (1723-1790) e David Ricardo (1772-1823). Esse grupo defendia a não intervenção do Estado na economia, que se autorregularia pelas leis da oferta e da procura. Para Adam Smith, o trabalho era a fonte de toda a riqueza.

Andréa Maria Carneiro Lobo e José Roberto Braga Portella

(3.2)

A Revolução Inglesa

Nesta seção, abordaremos a série de eventos ocorridos entre as décadas de 1640 e 1680 na Inglaterra. As referidas movimentações compõem a chamada *Revolução Inglesa*, que se iniciou em 1640 e culminou com a instituição de uma monarquia constitucional em 1689, evento que ficou conhecido como a *Revolução Gloriosa*.

3.2.1 Antecedentes políticos e econômicos

Em meados do século XVII, a burguesia ascendente – pequenos e médios proprietários enriquecidos com o uso capitalista da terra, industriais e grandes comerciantes – e uma parte da nobreza passaram a questionar o absolutismo real exercido pelo Rei James I (1567-1625) e seu filho e sucessor, Charles I (1600-1649), da dinastia Stuart.

Em um contexto posterior à Paz de Augsburgo, James I, que era de confissão luterana, quis impor o anglicanismo como religião oficial de seu império, perseguindo igualmente católicos e calvinistas. Durante seu reinado, por várias vezes buscou o apoio do Parlamento – que, como explicitamos no Capítulo 2, era composto pela Câmara dos Lordes e pela Câmara dos Comuns –, com a finalidade de aumentar os impostos. Como não obteve sucesso, dissolveu o Parlamento e governou de forma autoritária.

Seu sucessor, Charles I, também se desentendeu com os parlamentares em várias ocasiões. No entanto, em decorrência do envolvimento da Inglaterra na Guerra dos Trinta Anos, em que fez oposição à Espanha, precisou do apoio parlamentar para a liberação de verbas que custeassem o confronto.

Figura 3.2 – *Charles I in three positions*, de Antoon van Dyck

DYCK, A. van. **Charles I in three positions**. 1635-1636. Óleo sobre tela: color.; 84,4 × 99, 4 cm. Royal Collection, Castelo de Windsor, Windsor, Inglaterra.

O Parlamento consentiu com certas medidas econômicas, mas exigiu, em contrapartida, que o rei assinasse a Petição dos Direitos, em 1628. Esse documento proibia o monarca de implantar novos impostos e de convocar o exército sem a autorização do Parlamento, ou seja, era um instrumento de limitação a seu governo, de caráter absolutista. Charles I assinou o documento, mas, um ano depois, revogou sua decisão e dissolveu o Parlamento. Além disso, tentou impor o anglicanismo aos ingleses, irlandeses e escoceses do reino, provocando assim a reação de puritanos, calvinistas ingleses e presbiterianos, que foram duramente perseguidos, presos, deportados ou mortos.

Diante disso, os representantes desses segmentos – principalmente os puritanos – passaram a agir contra o rei no Parlamento. Eram conhecidos como *cabeças redondas*, por causa do corte de cabelo característico, e representavam, principalmente, os interesses da burguesia mercantil e dos empresários rurais.

A necessidade de reforços militares para auxiliar na guerra travada por Charles I contra a Irlanda levou-o a apelar para os cabeças redondas para que organizassem um exército de mercenários. O então parlamentar Oliver Cromwell (1599-1658) assumiu a tarefa e preparou um exército disciplinado e composto, em sua maioria, por pessoas advindas das camadas populares. Contando com uma eficiente organização militar, as tropas comandadas por Cromwell saíram vitoriosas.

Figura 3.3 – *Oliver Cromwell*, de Samuel Cooper

COOPER, S. **Oliver Cromwell**. [s.d.]. Óleo sobre tela, baseado em trabalho de 1656.: color.; 75,6 × 62,9 cm. National Portrait Gallery, Londres, Inglaterra.

Após essa vitória, Charles I voltou, contudo, a manifestar sua intenção de submeter o Parlamento inglês a seus interesses absolutistas. Diante disso, Cromwell liderou um movimento de resistência ao governo, o que desencadeou uma guerra civil que dividiu a população: de um lado, os que eram favoráveis ao rei e ao absolutismo (membros da rica aristocracia do norte e do oeste e todos os que se beneficiavam do monopólio real); e, de outro, os favoráveis aos cabeças redondas (pequenos e médios proprietários rurais, camponeses destituídos de suas terras, expoentes da burguesia rural, comerciantes e segmentos ligados a atividades mercantis e industriais).

3.2.2 A DITADURA DE OLIVER CROMWELL

Em 1649, com o término da guerra, os cabeças redondas liderados por Oliver Cromwell tomaram o governo e conseguiram aprovar no Parlamento o fim da monarquia, a execução do rei e a implantação de um governo republicano. Esse governo seria uma espécie de protetorado, exercido por Cromwell, mas, ao longo do tempo, transformou-se em uma ditadura.

Figura 3.4 – A decapitação de Charles I

THE EXECUTION of Charles I. 1649. Óleo sobre tela.: color.; 63,2 × 296,8 cm. Scotish National Portrait Gallery, Edimburgo, Escócia.

A partir de então, foi instituído um governo ditatorial que ficou conhecido como a *ditadura de Cromwell*. Em seus dez anos de governo, o líder político promoveu a unificação de Inglaterra, Escócia e Irlanda, a aprovação dos Atos de Navegação, e deu grande impulso ao capitalismo inglês, o que beneficiou, principalmente, a burguesia.

3.2.3 DIGGERS E *LEVELLERS*

Os *diggers* e os *levellers* compunham os grupos mais radicais da Revolução Puritana. Vindos das camadas mais empobrecidas, reivindicavam a **redistribuição da propriedade**, o **direito de voto** e a **igualdade econômica** para a população.

Os niveladores, ou *levellers*, constituíam uma representação política que se proclamava defensora dos interesses de pequenos produtores rurais. Defendiam ideais de **igualdade política** e de **acesso à propriedade privada**, além de serem favoráveis ao **sufrágio universal** (Hill, 1987, p. 93).

Já o grupo dos *diggers*, liderado por Gerrard Winstanley (c. 1609 - c. 1676), apareceu por volta de 1649 e era formado por trabalhadores rurais pobres. Suas principais pautas eram a derrubada da ordem feudal e a instituição de uma sociedade de base igualitária. O historiador Christopher Hill explica que o nome *diggers* deriva do verbo *to dig*, que significa "cavar". "Isso porque se instalaram em 1648 num terreno não aproveitado e se puseram a preparar a terra para a semeadura, o que era uma espécie de reforma agrária feita espontaneamente, em oposição direta aos poderes da sociedade e do Estado" (Hill, 1987. p. 30). Além disso, os *diggers* se autoproclamavam os verdadeiros *levellers*, pois pretendiam levar as mudanças propostas pelos niveladores também para a esfera econômica.

Após a vitória do exército liderado por Cromwell contra as tropas reais, esses grupos minoritários, contudo, foram reprimidos com extrema violência e praticamente aniquilados pelos líderes da revolução puritana.

Andréa Maria Carneiro Lobo e José Roberto Braga Portella

Figura 3.5 – Xilogravura do século XVII sobre os *diggers*, autodeclarados *levellers*

EVERARD, W. **The declaration and standard of the levellers of England**. London, 1649.

Em 1658, morreu Oliver Cromwell. O líder havia exigido que seu filho, Ricardo, assumisse o governo depois de sua morte, contudo, Ricardo Cromwell, sem a mesma habilidade política do pai, foi deposto um ano depois. A movimentação da alta nobreza desencadeou a restauração do absolutismo monárquico e, em 1660, o Parlamento apoiou a subida de Charles II, filho mais velho do rei decapitado Charles I e que sobreviveu à revolução puritana, ao trono.

3.2.4 DA BREVE RESTAURAÇÃO À MONARQUIA CONSTITUCIONAL

Charles II aproximou-se do então rei absolutista francês, da dinastia dos Bourbon, Louis XIV, e seu envolvimento na guerra contra a Holanda provocou a reação de alguns membros do Parlamento, desencadeando outra guerra civil, caracterizada pela oposição entre dois grupos principais: os *whigs*, contrários ao rei e favoráveis ao Parlamento, e os *tories*, defensores do rei.

O monarca inglês morreu em 1685 e foi sucedido por James II, seu irmão mais novo, que, católico convicto, tentou restaurar o absolutismo e o catolicismo. *Whigs* e *tories*, contudo, uniram-se contra o rei e organizaram uma ação que entregou o trono da Inglaterra à filha de James II[1], Mary Stuart, e ao seu esposo, William of Orange.

Em 1689, William of Orange assumiu o trono da Inglaterra com o título de William III e assinou a *Petição dos Direitos*, documento que implantava a monarquia constitucional inglesa, forma de governo em que os poderes reais seriam limitados pela atuação de um primeiro-ministro escolhido pelo Parlamento. A chamada *monarquia parlamentar* perdura até hoje na Inglaterra e inspirou outros movimentos burgueses, no século XVIII, a lutarem contra o absolutismo monárquico. Segundo Comparato (2003), a Petição dos Direitos, promulgada cem anos antes da Revolução Francesa, representou o fim do absolutismo monárquico na Inglaterra e a efetivação da ascensão burguesa. A partir de então, na Inglaterra,

os poderes de legislar e criar tributos já não são prerrogativas do monarca, mas entram na esfera de competência reservada do Parlamento. Por isso mesmo, as eleições e o exercício das funções parlamentares são cercados

---

1   *James VII da Escócia.*

Andréa Maria Carneiro Lobo e José Roberto Braga Portella

de garantias especiais, de modo a preservar a liberdade desse órgão político diante do chefe de Estado. (Comparato, 2003, p. 56)

Para saber mais

A Comissão de Direitos Humanos da Universidade de São Paulo (USP) mantém uma página na web para sua Biblioteca Virtual de Direitos Humanos. Lá, você encontra diversos textos sobre essa temática, incluindo a Declaração Inglesa de Direitos, de 1689.

USP – Universidade de São Paulo. Biblioteca virtual de Direitos Humanos. **A Declaração Inglesa de Direitos – 1689.** Disponível em: <http://www.direitoshumanos.usp.br/index. php/Documentos-anteriores-%C3%A0-cria%C3%A7%C3% A3o-da-Sociedade-das-Na%C3%A7%C3%B5es-at%C3%A9-1919/a-declaracao-inglesa-de-direitos-1689.html>. Acesso em: 7 dez. 2017.

(3.3)
A REVOLUÇÃO INDUSTRIAL

A Revolução Industrial foi o processo mediante o qual se alterou a maneira de produção e reprodução de bens materiais com a **introdução do uso de máquinas.** Isso possibilitou a multiplicação acelerada e quase ilimitada de bens materiais e ampliou o poder da ação humana sobre a natureza graças à mecanização da produção e à utilização de novas fontes energéticas. A Revolução Industrial alterou significativamente as relações sociais e influenciou o pensamento e o governo dos países em que ocorreu.

Segundo o historiador Eric Hobsbawm (1917-2012), esse processo teve início por volta de 1780, quando, "pela primeira vez na história da humanidade, foram rompidos os grilhões do poder produtivo das sociedades humanas, que a partir daí se tornaram capazes da multiplicação rápida, constante, e ilimitada, de homens, mercadorias e serviços" (Hobsbawn, 2003, p. 20).

Antes da Revolução Industrial, a forma de produção de bens se dava por meio de artesanato e manufatura. Abordaremos, primeiramente, as características dessas duas formas de produção.

3.3.1 ARTESANATO: O TRABALHO DE UM HOMEM SÓ

O artesanato surgiu na Pré-História e é praticado ainda nos dias de hoje. Caracteriza-se pela fabricação de bens materiais mediante a utilização das mãos e de ferramentas simples. Até a Idade Média, na Europa, a transformação artesanal da matéria-prima em bens de consumo era realizada por **artesãos**, que trabalhavam em casa e eram os proprietários de suas ferramentas e de seu tempo de trabalho. O artesão dominava todas as etapas produtivas, desde a escolha do material até a venda do produto final, trabalhando muitas vezes sozinho.

O fato de ter uma qualificação era o que o diferenciava dos demais, em uma sociedade basicamente agrícola e pastoril. O artesanato local concentrava-se nos burgos, e atendia satisfatoriamente à necessidade material das classes mais simples. Os artigos de luxo utilizados pelas classes abastadas, via de regra, eram importados do exterior e transportados por caravanas de comerciantes estrangeiros.

Andréa Maria Carneiro Lobo e José Roberto Braga Portella

3.3.2 Manufatura: a segmentação do trabalho

No século XVI, com a consolidação dos Estados nacionais, do mercantilismo e da expansão comercial e marítima, e com a formação de impérios coloniais na Ásia, na África e na América, cresceu o poder econômico dos construtores de navios mercantes, banqueiros e comerciantes. A burguesia, após ter conquistado o mercado europeu e internacional, já não obedecia às regras de preço justo impostas pelas corporações de ofício e pela Igreja. Suas atividades bancárias e comerciais, a partir de então, passaram a ser voltadas para a obtenção de **lucro**, que possibilitava o pagamento das despesas e o investimento em novos negócios.

Entretanto, para produzir em escala local e internacional, havia a necessidade de implementação de um novo sistema produtivo. Nesse momento, portanto, houve o declínio das oficinas artesanais e o surgimento das **manufaturas**. A manufatura é um sistema de produção no qual o processo de fabricação manual é **dividido em várias etapas**, desempenhadas por **trabalhadores diferentes**e especializados em uma única parte da produção, perdendo, assim, o conhecimento da totalidade do processo.

Inicialmente, o sistema de manufaturas dividia-se entre o trabalho do burguês e do artesão. O burguês comprava a matéria-prima e oferecia aos artesãos menos favorecidos um salário para que trabalhassem na produção artesanal em suas próprias casas. O lucro obtido com a venda da produção artesanal possibilitava à burguesia manufatureira investir na contratação de mais empregados e matéria-prima. Com o passar do tempo, o trabalho deixou de ser realizado na esfera doméstica e passou a ser feito em barracões próprios para esse fim. À medida que aumentava o número de funcionários, o salário pago diminuía proporcionalmente. Além disso, a divisão do processo em inúmeras etapas privava os trabalhadores da possibilidade de apreender o ofício por inteiro e de se tornarem verdadeiros artesãos. Com tais características, entre os séculos XVI e XVIII, as manufaturas alcançaram praticamente todas as regiões da Europa.

3.3.3 MAQUINOFATURA: O INÍCIO DA REVOLUÇÃO INDUSTRIAL

Já no século XVIII, o sistema de manufaturas evoluiu para o sistema das **maquinofaturas**, que deu origem à Revolução Industrial. Alguns fatores explicam o nascimento da indústria moderna na Inglaterra:

- **A Revolução Inglesa e a instauração de uma monarquia parlamentar** – Com as revoluções burguesas ocorridas entre 1649 e 1689, a Inglaterra deixou de ser uma monarquia absolutista e se tornou uma monarquia parlamentar. Por intermédio do Parlamento, a burguesia inglesa criou condições políticas favoráveis ao desenvolvimento econômico e industrial.

- **A política dos cercamentos** – Durante os séculos XVII e XVIII, o uso capitalista da terra foi acentuado graças ao incentivo da prática dos cercamentos (*enclosures*). Essa prática consistia no alargamento das possessões senhoriais mediante a expropriação das terras camponesas, que eram transformadas em pastagens para a criação de ovelhas. O objetivo era ampliar os negócios por meio da crescente indústria da lã, que exigia mais terras constantemente.

- **Os atos de navegação** – Aprovados por Oliver Cromwell, tais atos estabeleciam que todo o comércio entre a Inglaterra e suas colônias deveria ser feito em navios ingleses ou pelos países de origem dessas mercadorias. Tais medidas propiciaram o desenvolvimento

Andréa Maria Carneiro Lobo e José Roberto Braga Portella

das manufaturas inglesas e da indústria naval, e favoreceram o domínio inglês sobre o comércio marítimo, eliminando a concorrência holandesa.

- **O advento de inovações técnicas** – Imbuídos do espírito do Renascimento científico do século XVI e motivados financeiramente pela burguesia, muitos inventores passaram a desenvolver mecanismos que produzissem em uma escala maior e em menor tempo. Diferentes fontes de energia foram estudadas para substituir a humana, chegando-se ao vapor, ao petróleo e a eletricidade. Além das novas fontes de energia motriz, os cientistas ingleses desenvolveram máquinas de tecelagem e fiação para as fábricas de tecidos. A primeira fase da Revolução Industrial, que teve início em meados de 1750, é conhecida como **Era do vapor**, sendo a indústria têxtil o setor que mais se desenvolveu nas primeiras décadas da maquinofatura.

Figura 3.6 – O trabalho de operárias inglesas em uma indústria têxtil

- **Grande disponibilidade de recursos naturais** – Havia, no solo inglês, muita disponibilidade de carvão, o que beneficiou a primeira fase da industrialização inglesa, quando as máquinas eram movidas por caldeiras a vapor, alimentadas por carvão. Outro mineral presente em abundância no solo inglês era a hulha, da qual obtiveram um ferro de melhor qualidade e sem impurezas, com o qual forjaram as máquinas que movimentaram as primeiras fábricas.

A associação desses fatores proporcionou à Inglaterra do século XVIII as condições necessárias para que se realizasse uma evolução econômica e técnica acelerada. Nesse contexto surgiram as primeiras **máquinas** e as primeiras **indústrias**, que tinham como função combinar recursos mecânicos, manuais e naturais para transformar a matéria-prima em bens materiais, com a finalidade de atender às necessidades humanas.

A dimensão das transformações ocorridas nesse período pode ser percebida pela quantidade de invenções desenvolvidas na Inglaterra do século XVIII, algumas das quais listamos no Quadro 3.1, a seguir.

Quadro 3.1 – A Revolução Industrial na Inglaterra: invenções do século XVIII

Invenção	Inventor	Ano	Utilidade
Máquina a vapor	Thomas Savery	1698	Criada para drenar a água dos poços das minas de carvão.
Máquina a vapor	Thomas Newcomen	1712	Utilizava o vapor para movimentar o pistom, o qual movia um enorme braço que bombeava a água das minas.
Máquina a vapor	James Watt	1765	Converteu o movimento de sobe e desce dos cilindros em movimentos rotativos, adaptando o uso do vapor para moinhos e máquinas.

(continua)

Andréa Maria Carneiro Lobo e José Roberto Braga Portella

(Quadro 3.1 – conclusão)

Invenção	Inventor	Ano	Utilidade
Tear mecânico	John Kay	1733	Primeiro tear movido mecanicamente.
Fiandeira mecânica	James Hargreaves	1733	Primeira máquina de fiar mecânica, produzia oito fios de uma só vez. Fazia o trabalho de oito fiandeiros com máquinas manuais.
Tear hidráulico	Richard Arkwright	1767	Primeira máquina de fiar acionada por roda hidráulica.
Fiandeira hidráulica	Samuel Crompton	1760	Produzia mais fios que 300 trabalhadores manuais.

3.3.4 AS TRANSFORMAÇÕES SOCIAIS

Ao mesmo tempo que a Revolução Industrial resultou em avanço técnico e riqueza para a burguesia, acarretou mudanças radicais nas relações de trabalho. No ambiente da fábrica, trabalhadores e burgueses passaram a conviver diariamente e de forma conflituosa. Isso por causa dos interesses contrapostos dos dois grupos: ao burguês interessava a produtividade das máquinas e dos operários, visando cumprir os prazos para atender à crescente demanda por bens industrializados; aos operários, restava trabalhar o máximo de horas por dia para poder sustentar sua família e manter a casa.

A respeito desse quadro, Hobsbawm (2003, p. 19) explica que, "a exploração da mão de obra que mantinha sua renda a nível de subsistência, possibilitando aos ricos acumularem os lucros que financiavam a industrialização (e seus próprios e amplos confortos), criava um conflito com o proletariado". Entretanto, sob a ótica dos capitalistas, o historiador afirma que "estes problemas sociais só eram relevantes para o progresso da economia se, por algum terrível acidente, viessem a derrubar a ordem social, e certas falhas eram 'inerentes' ao processo econômico, mas [...] ameaçavam o seu objetivo fundamental, que era o lucro" (Hobsbawm, 2003, p. 28-29).

Desse modo, embora a mecanização tenha acelerado e ampliado os níveis de produtividade, reduzindo, assim, os custos por unidade produzida, ela o fez às custas das precárias condições de trabalho da mão de obra contratada, como explica Hobsbawm (2003, p. 29):

A mecanização aumentou muito a produtividade e reduziu o custo por unidade produzida da mão de obra, que recebia salários abomináveis já que era formada em grande parte por mulheres e crianças. Em 131 fábricas de Manchester, na Inglaterra, os salários médios eram de menos de 12 shillings. Por outro lado, a construção de fábricas era relativamente barata; em meados de 1846, uma fábrica inteira de tecelagem, com 410 máquinas, incluindo o custo do terreno e dos prédios, podia ser construída por aproximadamente 11 mil libras.

(3.4)
A REVOLUÇÃO FRANCESA

Nesta seção, abordaremos um evento de dimensões tamanhas que foi considerado por historiadores oitocentistas como um divisor de águas entre a Idade Moderna e a Idade Contemporânea. Trata-se da Revolução Francesa, iniciada em 1789.

Tal qual a Revolução Inglesa, foi inspirada por ideais liberais e incitada por interesses burgueses, mas envolveu grandemente a participação popular e apresentou-se, pelo menos durante alguns anos, como um **movimento de mudanças estruturais na sociedade e na política**. Inspirados pelos ideais iluministas de liberdade, igualdade e fraternidade (*Liberté, egalité, fraternité – slogan* dos revolucionários), os representantes do povo e da burguesia francesa deram início a

Andréa Maria Carneiro Lobo e José Roberto Braga Portella

um movimento que rompeu com o regime absolutista de governo. A Revolução Francesa é, portanto, o movimento revolucionário que pôs fim ao Antigo Regime francês e que teve como alguns de seus antecedentes diretos a crise política e econômica do Estado.

3.4.1 A CRISE

Figura 3.7 – *Louis XVI*, de Antoine-François Callet

CALLET, A.-F. **Portrait of King Louis XVI in Full Coronation Regalia**. 1780. Óleo sobre tela: color.; 164 × 132 cm. Coleção particular.

Quando Louis XVI assumiu o trono, em 1774, o Tesouro Real passava por uma crise econômica agravada, em grande medida, pelos gastos com a Guerra dos Sete Anos (1756-1763), travada contra a Inglaterra.

A França, após investir em armas e munições e sacrificar muitas vidas, saiu arruinada e perdeu colônias americanas para os ingleses.

Outro fator agravante foi a Guerra da Independência dos Estados Unidos contra a dominação britânica, iniciada em 1776 e na qual a França se envolveu a partir de 1778. Além das guerras, havia os elevados gastos da corte francesa (relativos à justiça, à diplomacia, à corte, à administração e ao exército), que ultrapassavam 600 milhões de libras. A receita do Estado, no entanto, chegava somente a 500 milhões. Além disso, nas últimas décadas, a França havia passado por secas e inundações, o que acarretou um aumento da disponobilidade de produtos ingleses no mercado, os quais acabavam custando menos que os nacionais, intensificando a ruína de pequenos comerciantes franceses.

3.4.2 O CLERO – O PRIMEIRO ESTADO

O chamado *primeiro Estado* era um segmento social igualmente privilegiado, tal qual a nobreza. Composto por cerca de 130 mil membros, o clero gozava de muitas vantagens, tais como a isenção de impostos e o direito à cobrança de dízimos. Esse grupo, que representava a Igreja, era constituído por 2% da população. A Igreja concentrava, ainda, grande parte das terras e exercia forte influência sobre o Estado francês.

3.4.3 A NOBREZA – O SEGUNDO ESTADO

Com cerca de 23 milhões de habitantes, a França era, em 1780, o país mais populoso da Europa Ocidental, afirma Hobsbawm (2003). Desses, entre 350 e 400 mil formavam a nobreza, a inquestionável "primeira linha" da nação. Além de serem isentos de vários impostos, ainda usufruíam de tributos feudais que lhes permitiam viver confortavelmente de renda, na corte, sem trabalhar. Os nobres – aproximadamente

Andréa Maria Carneiro Lobo e José Roberto Braga Portella

2,5% da população francesa da época – compunham, politicamente, o segmento denominado *segundo Estado*.

Para Hobsbawm (2003, p. 84), politicamente, a situação da nobreza era menos vantajosa: "A monarquia absoluta, conquanto inteiramente aristocrática e até mesmo feudal no seu *ethos*, tinha destituído os nobres de sua independência política e responsabilidade e reduzido ao mínimo suas velhas instituições representativas 'estados' e *parlements*".

Apesar de todos os privilégios de que os nobrems gozavam, as rendas da nobreza vinham diminuindo desde meados de 1770 em decorrência do empobrecimento da população camponesa e, consequentemente, da dificuldade em arrecadar dela mais taxas do que já pagavam. Por outro lado, seus gastos aumentavam à medida que seu prestígio político diminuía antes as críticas do pensamento burguês, enaltecedor do trabalho produtivo.

3.4.4 O POVO – O TERCEIRO ESTADO

O **terceiro Estado** era composto por setores com rendas diferentes, por isso era o mais heterogêneo de todos. Correspondia a aproximadamente 80% da população francesa e financiava os exorbitantes gastos do Estado francês. Para fins didáticos, podemos sintetizar a composição do terceiro Estado em cinco grupos: (1) alta burguesia, (2) média burguesia, (3) pequena burguesia, (4) camponeses e (5) proletários.

A **alta burguesia** era formada pelos grandes comerciantes, banqueiros, donos de manufaturas, industriais, e empreendedores do comércio marítimo. Não detinham benefícios políticos na corte do Rei Louis XVI. Ainda que alguns tivessem títulos de nobreza comprados ou adquiridos por meio de casamentos, não desfrutavam dos mesmos privilégios que a nobreza de berço. Eram obrigados a arcar, como o restante da população, com o alto peso dos tributos.

A **média burguesia** era composta por profissionais liberais, como advogados, professores, médicos, entre outros. A **pequena burguesia** era a camada composta por lojistas, pequenos comerciantes e mestres artesãos. Os pequenos e médios burgueses eram chamados, pejorativamente, pela nobreza, de *sans-culottes* (sem calções). Esse nome foi atribuído a eles porque trajavam calças compridas e largas, feitas de algodão grosseiro e que iam até os pés, ao contrário dos nobres e da alta burguesia, que usavam calças curtas apertadas nos joelhos (*culottes*) com meiões compridos. Os *sans-culottes* tiveram participação ativa e decisiva na Revolução Francesa.

Figura 3.8 – Casal de *sans-culottes*

WALTER, E. [Sem título]. In: CHALLAMEL, A. **Histoire-musée de la République Française depuis l'Assemblée des notables jusqu'à l'Empire**: avec les estampes, costumes, médailles, caricatures, portraits historiés et autographes les plus remarquables du temps. Challamel: Paris, 1842.

Os **camponeses** compunham a maioria da população francesa em meados de 1780. Eram também os mais explorados dentre todos os que faziam parte do terceiro Estado. Apesar de só uma pequena parte do campesinato ainda viver sob o regime de servidão praticamente feudal, sendo a maioria livre e proprietária das terras em que viviam e trabalhavam, a vida dos camponeses franceses era dificultada pela quantidade de tributos que eram obrigados a pagar.

A camada de **proletários** era composta, sobretudo, por trabalhadores empregados em jornadas diárias de trabalho nas oficinas, manufaturas, e estabelecimentos comerciais. Além desses, havia os pequenos artesãos, os mendigos, as prostitutas e inúmeros desempregados. Essa população vivia nos bairros de Paris, um dos centros urbanos mais populosos da Europa, com aproximadamente 600 mil habitantes.

3.4.5 FASES DA REVOLUÇÃO

Segundo os teóricos e historiadores especialistas em Revolução Francesa, o movimento se desenrolou em três fases: a fase da Assembleia Nacional Constituinte (1789-1792); a fase da Convenção Nacional (1792-1795) e a fase do Diretório (1795-1799).

A Assembleia Nacional

Sob a orientação de Jacques Necker (1732-1804), Ministro das Finanças, o Rei Louis XVI resolveu, em maio de 1789, convocar os representantes dos três Estados (clero, nobreza e povo) para que, juntos, encontrassem uma solução para a situação do país. Uma convocação desse tipo não acontecia há muito tempo na França absolutista, conforme destacou o historiador francês Jules Michelet (1989, p. 91): "A convocação dos Estados Gerais de 1789 é a era verdadeira do nascimento do povo. Ela chamou o povo inteiro ao exercício de seus direitos. Ele pôde ao menos escrever suas queixas, seus votos, eleger os eleitores". A possibilidade de diálogo com o rei exaltou os ânimos populares. Entretanto, a participação de cada Estado ficou restrita a deputados eleitos para esse fim, algo que, para o terceiro Estado, significou a exclusão da maioria da população.

Argumentava-se que havia a necessidade de normalizar as finanças do país, e para isso seria necessário **aumentar os impostos** e **diminuir as despesas da corte**. Houve a proposta de estender a cobrança de impostos aos membros do alto clero e da nobreza, contudo, essa ideia trouxe desentendimentos entre os representantes desses segmentos.

Figura 3.9 – Abertura dos Estados Gerais, em 5 de maio de 1789, na sala dos Menus-Plaisirs

MONET, C.; HELMAN, I.-S. **Abertura dos Estados Gerais em 5 de maio de 1789.** 1789. Gravura. Bibliotheque nationale de France, Paris, França.

Os deputados do terceiro Estado propuseram, ainda, que o voto fosse por cabeça e não por Estado, como era a proposição inicial, pois isso beneficiaria os representantes do povo, em maior número do que os deputados dos dois outros Estados. Os representantes da nobreza e do alto clero, que não queriam ceder parte dos seus direitos em nome da nação, dissolveram, então, a Assembleia dos Estados Gerais, com o apoio do Rei Luís XVI. Os deputados do terceiro Estado, contudo, recusaram-se a voltar para suas bases de mãos vazias e, inconformados com a decisão do rei, no dia 20 de junho, invadiram a Sala do Jogo da Péla, no castelo de Versalhes, afirmando que não deixariam o local sem antes entregar ao povo francês uma nova constituição. Para tanto, no dia 9 de julho, declararam-se em Assembleia Nacional Constituinte.

Ruía o absolutismo monárquico na França. Iniciava-se a Revolução.

A tomada da Bastilha

O rei ordenou que tropas do exército dispersassem os deputados do terceiro Estado e os nobres e clérigos que também estavam presentes e desejavam mudanças políticas, dissolvendo, assim, a Assembleia Nacional Constituinte. Entretanto, pelas ruas, a população francesa organizava-se, cogitando pegar armas para defender a permanência dos trabalhos da Assembleia. Além disso, panfletos circulavam e discursos eram proferidos em defesa desse movimento.

Diante da notícia de que as tropas reais marchavam para dissolver a Assembleia, os integrantes do terceiro Estado, em especial os *sans-culottes*, tomaram as ruas de Paris, invadiram arsenais da prefeitura da cidade e confiscaram milhares de fuzis e espadas. Na sequência, marcharam para a Bastilha, a prisão para onde eram mandados os presos políticos e símbolo do absolutismo francês. Nesse dia, 14 de julho de 1789, depois de horas de combates entre o povo armado e as tropas que protegiam a edificação, a Bastilha finalmente foi tomada pelos revolucionários.

Figura 3.10 – *A Queda da Bastilha*, de Jean-Pierre Houël

HOUËL, J.-P. **A Queda da Bastilha**. 1789. Aquarela: color.; 37,8 × 50,5 cm. Bibliothèque nationale de France, Paris, França.

Em Paris, as tropas reais ainda tentavam dispersar a população que havia tomado conta das ruas. Os camponeses invadiram as torres dos castelos e queimaram documentos que representavam suas obrigações feudais. Houve também invasões e ocupações de terras, além do assassinato de alguns nobres.

Enquanto isso, os deputados em Assembleia redigiam uma nova constituição para a França. Pressionados pelos referidos acontecimentos, criaram leis que aboliram definitivamente os privilégios feudais, libertando os camponeses de tributos à Igreja, ao rei e, mediante indenização, aos nobres. A data em que essas leis foram aprovadas ficou conhecida como *A Noite do Grande Medo.*

A Declaração dos direitos do homem e do cidadão

Em 26 de agosto de 1789, três meses após a convocação dos Estados Gerais, a Assembleia entregou ao povo um documento que sintetizava, ao mesmo tempo, os ideais iluministas e os anseios burgueses por liberdade econômica, política e de expressão, e igualdade de direitos. Tratava-se da *Declaração dos direitos do homem e do cidadão*, um marco do pensamento liberal que até hoje serve de inspiração para muitas constituições de países democráticos. Já em seu preâmbulo, o documento dispunha que:

> *os representantes do povo francês, reunidos em Assembleia Nacional, tendo em vista que a ignorância, o esquecimento ou o desprezo dos direitos do homem são as únicas causas dos males públicos e da corrupção dos Governos, resolveram declarar solenemente os direitos naturais, inalienáveis e sagrados do homem, a fim de que esta declaração, sempre presente em todos os membros do corpo social, lhes lembre permanentemente seus direitos e seus deveres; a fim de que os atos do Poder Legislativo e do Poder Executivo, podendo ser a qualquer momento comparados com a finalidade de toda a instituição política, sejam por isso mais respeitados; a fim de que as reivindicações dos cidadãos, doravante fundadas em princípios simples e incontestáveis, se dirijam sempre à conservação da Constituição e à felicidade geral. (Declaração..., 1789)*

Entre as principais conquistas representadas por esse documento, podemos citar:

- A igualdade de direitos dos cidadãos perante a lei, entendida como expressão da vontade da nação.
- O entendimento de que as leis devem ser elaboradas diretamente pelos cidadãos ou por seus representantes.
- A afirmação da nação como fonte soberana do poder.
- O direito à liberdade de pensamento e de expressão.
- O direito sagrado e inviolável da propriedade.
- O princípio da legalidade.
- Garantias de ordem penal.
- Separação dos poderes e supremacia da constituição.

Em 1791, a Assembleia entregou ao povo francês a tão esperada constituição. Contudo, esta não representou os anseios dos segmentos mais populares envolvidos no processo, a exemplo dos camponeses, dos *sans-culottes*, dos pobres e das mulheres. Adquiriu feições nitidamente burguesas, pois estabelecia a monarquia constitucional, que retirava os poderes absolutos do Rei Louis XVI e os outorgava à constituição. Em resumo, o rei reinaria, mas não governaria de fato.

Além disso, a constituição estabelecia o **voto censitário**, em que a participação política restrita aos homens, dar-se-ia por critério de renda, ou seja, só quem tivesse determinados rendimentos poderia votar e ser eleito. Dispunha sobre o fim dos monopólios mercantilistas, favorecendo a alta burguesia, que investia em comércio colonial, e a permanência da escravidão nas colônias francesas. O documento ainda determinava o fim dos privilégios do clero e o confisco dos bens da Igreja. Tais bens, entretanto, não foram distribuídos ou vendidos por preços baixos para os pobres – a maioria ficou com a rica burguesia.

Apesar do caráter nitidamente burguês que a revolução assumiu após a promulgação da constituição, fora da Europa ela se espalhava

Andréa Maria Carneiro Lobo e José Roberto Braga Portella

como uma boa nova, uma esperança para os que viviam ainda sob o peso de monarquias absolutistas. Havia um temor de que algumas dessas monarquias, como a Prússia (atualmente uma parte da Alemanha) e a Áustria-Hungria, declarassem guerra ao governo constitucional francês, temendo que seus súditos aderissem à revolução.

A esses países recorreram os nobres que fugiam da França, temerosos por suas vidas e propriedades, e eram apoiados pelo Rei Louis XVI, que fracassou em uma tentativa de fuga com sua família. Preparava-se uma contrarrevolução. Porém, o rei francês foi preso em 1792, acusado de trair a nação, e a decisão sobre seu destino estava nas mãos da Assembleia, que já havia mobilizado a população para enfrentar os invasores. Ainda acreditando na revolução e defendendo-a com ardor, o exército lutou com bravura e venceu os inimigos da França e da revolução. Porém, os destinos políticos daquele país mudariam mais uma vez.

A Convenção Nacional

Diante da traição de Louis XVI, a Assembleia ficou dividida em relação às ideias a serem postas em prática. A ala formada por deputados mais radicais, conhecidos como **jacobinos**, defendia o fim da monarquia constitucional, a proclamação da república e a execução do rei. O referido grupo sentava-se à esquerda e no alto da assembleia, e representava os interesses da pequena e média burguesia. Já os **girondinos**, que eram assim denominados porque a maioria vinha da região da Gironda, sentavam-se à direita e representavam os interesses da alta burguesia. Suas ideias eram moderadas e eles queriam conservar a monarquia constitucional e salvar a vida do rei.

Havia, ainda, os deputados da **planície** – também chamada de *pântano* –, que se sentavam no centro e, apesar de representarem os interesses da alta burguesia, não se posicionavam politicamente nem a favor dos girondinos, nem dos jacobinos – o que faziam era aguardar o desenrolar dos acontecimentos para obter o máximo de vantagem em qualquer situação política.

Apoiados por líderes dos sans-culottes, como Jean-Paul Marat (1743-1793) – médico, jornalista e editor do jornal ultrarrevolucionário chamado *Amigo do povo* – e inflamados pelos discursos de jacobinos como Georges Jacques Danton (1759-1794) e Maximilien de Robespierre (1758-1794), os deputados votaram pelo fim da monarquia constitucional e pelo advento do regime republicano.

A partir de então, o governo passou a ser exercido por uma **Convenção Nacional**, cujos membros seriam eleitos por homens maiores de 21 anos. Conforme a revolução avançava, os interesses da alta burguesia eram postos em risco. Criou-se, então, um tribunal revolucionário, com poderes extraordinários para julgar e punir os que fossem considerados traidores da revolução e, por consequência, da nação.

Em 21 de janeiro de 1793, o rei Louis XVI foi executado, sob gritos de alegria dos *sans-culottes* e o temeroso olhar da nobreza. O rei foi um dos primeiros a ser morto na guilhotina – uma máquina projetada para "facilitar" as execuções de pena de morte, tornando-as mais rápidas e, por isso, "mais humanitárias". Inúmeros outros indivíduos considerados inimigos do povo e da revolução também foram julgados, condenados e executados no instrumento de decapitação.

O Terror

Uma coalizão de forças antirrevolucionárias se formou na Europa e decretou guerra à França, sob a liderança da Inglaterra. Clérigos, nobres, altos burgueses partidários dos girondinos tentaram fugir,

Andréa Maria Carneiro Lobo e José Roberto Braga Portella

unir-se à contrarrevolução. Em 13 de julho de 1793, o líder Marat foi assassinado por uma jovem girondina chamada Charlotte Corday (1768-1793), que se fez passar por mensageira. Os ânimos populares se alteraram, e os líderes populares, a exemplo de Jacques Hébert (1757-1794) e Jacques Roux (1752-1794), que estavam no comando dos segmentos mais miseráveis de Paris, exigiam atitudes drásticas da Convenção.

Em decorrência da contrarrevolução, os preços dos alimentos subiram, havia revoltas nas cidades e nos campos, e as forças antirrevolucionárias se aproximavam das fronteiras e começavam a invadir algumas regiões da França.

Os jacobinos conseguiram, então, aprovar outra *Declaração dos direitos do homem e do cidadão*, e, ainda em 1793, uma **nova constituição** foi formulada, com ideais bem mais revolucionários que a anterior, ampliando o direito de voto a todos os cidadãos homens maiores de idade. O preço do pão foi congelado, o direito à educação foi amplamente defendido, as terras de nobres que haviam fugido foram confiscadas e entregues a famílias de camponeses, e novos impostos, dessa vez incidentes sobre os mais ricos, foram criados.

Foram elaborados um novo calendário e um novo sistema de pesos e medidas. Membros do clero foram transformados em cidadãos comuns e uma nova forma de culto passou a ser disseminada: o **culto à razão**. O tempo foi zerado: o ano 1 passou a ser o ano da Revolução e os meses passaram a ter nomes diferentes, relacionados às estações do ano. Era uma nova etapa da revolução, mais radical e mais popular, mas isso não foi suficiente.

Figura 3.11 – Páginas do calendário revolucionário francês (século XVIII)

CALENDÁRIO revolucionário francês – 1793 a 1798. Gravura em cobre por Salvatore Tresca e Louis Lafitte.

Sob a influência de jacobinos radicais, a Convenção Nacional criou um **Comitê de Salvação Pública**. Tratava-se de uma força de emergência, com plenos poderes e com o objetivo de afastar os inimigos externos da revolução, punir os inimigos internos e reestruturar a economia francesa.

Tendo como líder o jacobino Robespierre, a Convenção fez bom uso dos plenos poderes que lhes foram conferidos e, por meio do tribunal revolucionário, mandou à guilhotina milhares de pessoas, incluindo burgueses girondinos, nobres e clérigos. Em virtude da excessiva quantidade de execuções, esse período, entre maio de 1793 e julho de 1794, ficou conhecido como *Terror*.

Figura 3.12 – O poder dos *sans-culottes*

GILLRAY, J. **The Zenith of French Glory**. Caricatura, 1793, The British Museum, Londres, Inglaterra.

Ao mesmo tempo que enfrentava problemas internos, a população preparava-se para a guerra, e, com o decorrer do tempo, o exército de soldados-cidadãos, extremamente bem-treinados e disciplinados, começou a vencer as batalhas contra as forças da contrarrevolução. Um dos jovens generais que obtiveram destaque foi Napoleão Bonaparte (1769-1821), vitorioso na maioria das batalhas sob seu comando.

Líderes populares ultrarradicais, como Jacques Hérbert, foram condenados e executados, bem como outros líderes jacobinos, mais moderados, a exemplo de Danton.

Após ter eliminado tanto os segmentos moderados quanto os mais radicais, Robespierre e um pequeno grupo de jacobinos se isolaram no poder, perdendo assim o apoio dos *sans-culottes*.

Então, aproveitando-se da ausência de Robespierre na Convenção por motivo de doença, os deputados da planície, no dia 27 de julho de 1794 (o 9º Termidor, segundo o novo calendário francês), deram um golpe e o condenaram à morte. Chegava ao fim o período mais radical da revolução.

O Diretório

A **reação termidoriana**, como ficou conhecida, perseguiu, prendeu e executou partidários dos jacobinos. Além disso, anulou medidas sociais e estabeleceu uma nova constituição. O voto voltava a ser censitário e o governo passou a ser comandado por uma assembleia chamada **Diretório**, que escolheria cinco pessoas para exercer o poder executivo.

Essa reação, empreendida pela alta burguesia, piorou a situação econômica e social da França, que continuava em guerra, e apenas os grandes empresários e os banqueiros lucravam com as altas dos preços. Após cinco desastrosos anos no poder e sob ameaças de golpe vindas dos jacobinos, os políticos do Diretório resolveram permitir

Andréa Maria Carneiro Lobo e José Roberto Braga Portella

que um líder assumisse o poder de forma autoritária. Esse líder deveria ser alguém que atendesse aos interesses burgueses, mas que, ao mesmo tempo, fosse uma figura de grande apelo popular, algo como um "herói" nacional.

Napoleão Bonaparte foi escolhido para esse propósito, pois contava com o incentivo do exército, a admiração do povo e o apoio, ainda que velado, do governo francês. Napoleão fechou o Diretório e deu um golpe de Estado em 9 de novembro de 1799, instituindo uma forma de governo denominada **Consulado**. Esse golpe ficou conhecido como **18 Brumário** (data do evento, segundo o novo calendário francês).

Figura 3.13 – *Napoleão cruzando os Alpes*, de Jacques Louis David

DAVID, J. L. **Napoleão cruzando os Alpes**. 1800. Óleo sobre tela: color.; 261 × 221 cm. Musée National des Châteaux de Malmaison & Bois-Préau. Rueil-Malmaison, França

Por decisão de um plebiscito realizado em 1804, Bonaparte recebeu o título de Imperador Napoleão I e, de 1804 a 1812, comandou os exércitos franceses em intervenções militares na conquista de vários países europeus, a exemplo de Áustria, Itália, Holanda, Suíça e Bélgica. Em 1815, após ser derrotado pelos britânicos na Batalha de Waterloo, na Bélgica, seu poder começou a desfalecer. Nesse mesmo ano, grandes potências europeias reuniram-se no Congresso de Viena para decidir sobre o futuro da França. Napoleão foi afastado, e o governo, entregue a Louis XVIII (1755-1824), irmão mais novo do Rei Louis XVI. Esse episódio ficou conhecido como *Restauração*. Era o fim da Revolução Francesa.

3.4.6 A DECISIVA ATUAÇÃO DAS MULHERES

A participação intensa das mulheres nos acontecimentos que constituíram a Revolução Francesa foi fundamental. Em diferentes segmentos sociais, lutando em diferentes lados, de diferentes formas e com diferentes armas por aquilo que acreditavam, mulheres de classes diversas – do povo, da alta burguesia, da nobreza etc. – fizeram toda a diferença.

Os nomes mais conhecidos são os da Rainha Marie-Antoinette (1755-1793), odiada pelo povo, e da jovem aristocrata Charlotte Corday (1768-1793), que planejou e executou sozinha o assassinato de um dos líderes mais radicais da revolução e deputado da Convenção Nacional, Jean-Paul Marat, em 13 de julho de 1793. Por esse ato, Charlotte foi guilhotinada quatro dias depois.

Outra mulher cuja trajetória de vida se confunde com a dos acontecimentos revolucionários é Théroigne de Méricourt (1762-1817). Estudada como um caso célebre de melancolia pelos primeiros alienistas franceses, exaltada em poemas de Charles Baudelaire

Andréa Maria Carneiro Lobo e José Roberto Braga Portella

e imortalizada no teatro pela performance da atriz Sarah Bernhardt, a cantora Théroigne de Méricourt pertencia à pequena burguesia e, após uma infância trágica e uma carreira malsucedida, envolveu-se de forma apaixonada com os ideais da revolução.

Figura 3.14 – Théroigne de Méricourt

Retrato presumido de Théroigne de Méricourt atribuído à Vestier. 1795. Musée Carnavalet, Paris, França.

Théroigne foi uma das oradoras e instigadoras da Caminhada das Mulheres rumo a Versalhes, em outubro de 1789. Defendia a formação de "batalhões de amazonas" compostos por mulheres comprometidas em lutar pela igualdade de direitos. Alinhava-se com os jacobinos, mas, por sua aproximação com Jacques Pierre Brissot (1754-1793), um girondino, foi despida, humilhada e açoitada por outras mulheres revolucionárias em 1793. Tornou-se melancólica e só escapou da guilhotina porque foi internada como louca no hospital Salpêtrière, em 1794, aos 32 anos, de onde só saiu morta, 23 anos depois.

Mulheres do povo

Mencionamos, anteriormente, mulheres cujos nomes, histórias e rostos a historiografia conhece. Entretanto, os acontecimentos mais impetuosos da revolução de 1789, como a Tomada da Bastilha e a Marcha a Versalhes, tiveram como protagonistas ou líderes milhares de mulheres anônimas, mulheres do povo, cujos nomes, histórias de vida, amores não conhecemos.

Entre os vários aspectos da grave crise econômica que assolava a França – a qual, desencadeou a convocação dos Estados Gerais, a revolta popular e a resistência da Assembleia Constituinte –, a péssima qualidade e o alto preço do pão no final da década de 1780 figuravam entre as questões que mais afetavam os parisienses, principalmente os mais pobres. E quem sentia mais de perto essa situação eram as mulheres, que ficavam mais tempo em casa, que preparavam os alimentos para suas famílias, que compravam o pão de todo dia. Mais do que qualquer outro segmento social, foram as mulheres das camadas populares de Paris que sentiram, de forma mais intensa, os abusos que caracterizaram os últimos anos do absolutismo francês.

Andréa Maria Carneiro Lobo e José Roberto Braga Portella

Figura 3.15 – A marcha das mulheres francesas até Versalhes

AVANT-GARDE des femmes allant à Versaille, 1789.
Bibliothèque nationale de France, Paris, França

Então, em 5 de outubro de 1789, elas resolveram marchar até Versalhes. Milhares delas, com tambores e <u>sabres</u>, foram buscar o "padeiro" e a "padeira" (alusão irônica ao Rei Louis XVI e à Rainha Marie-Antoinette). O historiador francês Jules Michelet, durante a escritura de seu livro *História da Revolução Francesa*, em 1847, ainda imbuído dos ideais de 1789, relata:

> *Havia, a 5 de outubro, uma multidão de infelizes criaturas que não comiam havia trinta horas. Esse espetáculo doloroso cortava os corações, e ninguém fazia nada; cada um se fechava deplorando a dureza dos tempos. Na noite de domingo, dia 4 [de outubro], uma mulher, corajosa, que não podia ver aquilo por mais tempo corre do Quartier Saint-Denis*

*ao Palais-Royal, abre um caminho na multidão ruidosa que perorava, fazendo-se ouvir; era uma mulher de trinta e seis anos, bem-posta, honesta, mas forte e ousada. Quer que se vá a Versalhes, ela marchará à frente. Os **circunstantes** brincam com isso, ela aplica uma bofetada em um dos que se divertem. No dia seguinte, partiu entre as primeiras, o **sabre** na mão, e, apoderando-se de um canhão da prefeitura, pôs-se a cavalo sobre ele e conduziu-o a Versalhes, com mecha acesa. [...] Muitas outras não eram levadas pela fome. Havia comerciantes, porteiras, prostitutas, compassivas e caridosas, como elas frequentemente são. Havia um número considerável de mulheres do mercado; estas, bastante realistas, mas isto era uma razão a mais pura para desejarem ter o rei em Paris. [...] Essas mulheres dos mercados não são as que sofrem muito a miséria; seu comércio, voltando-se para as coisas necessárias à vida, tem menos variações. Mas elas veem a miséria melhor que ninguém, e a sentem; vivendo sempre na praça, não escapam, como nós, ao espetáculo dos sofrimentos. [...] A 5 de outubro, às sete horas, elas ouviram a batida do tambor e não resistiram. Uma moça pegara um tambor no corpo de um guarda, e batera o toque de reunir. Era segunda-feira; o mercado foi abandonado, todas partiram; "Nós traremos", dizem elas, "o padeiro, a padeira... E teremos o prazer de ouvir nossa mãezinha Mirabeau".* (Michelet, 1989, p. 257-258, grifos do original)

O objetivo dessa marcha era obrigar o rei a se mudar para Paris, para que sentisse na pele os problemas dos pobres da cidade, comesse o pão que eles comiam. A família real foi obrigada, diante da pressão popular feminina, a deixar o luxo do castelo e a morar mais perto do povo.

Andréa Maria Carneiro Lobo e José Roberto Braga Portella

Para saber mais

Estrelado pelo ator francês Gérard Depardier, o filme *Danton: o processo da revolução* evoca as contradições do líder revolucionário jacobino Danton, que era da ala dos moderados. Ao retornar a Paris, em 1794, no auge das condenações e execuções aprovadas pela Convenção Nacional, ele se opõe a Robespierre e acaba sendo também condenado à morte. O filme enfoca, sobretudo, a contradição entre os ideais liberais e humanitários da Revolução e os desmandes do período do Terror.

DANTON: o processo da revolução. Direção: Andrzej Wajda. França/Polônia/Alemanha: Gaumont, 1982. 136 min.

Síntese

Os temas desenvolvidos neste capítulo são:

- O Iluminismo: conceito, origem, características e expoentes.
  - O conceito de *cogito*, de René Descartes e as bases do racionalismo moderno.
  - O pensamento liberal e seus expoentes: John Locke.
  - A crítica à desigualdade e os princípios do direito político em Jean-Jacques Rousseau como crítica ao antigo regime.
  - O conceito kantiano de *esclarecimento* como síntese do pensamento iluminista.
  - O contexto em que foi escrita a *Enciclopédia*, seus propósitos e características.
  - O contexto do Iluminismo e as origens do liberalismo econômico.

- A Revolução Inglesa e sua evolução: contexto, antecedentes, características e fases.
- A Revolução Industrial e suas fases.
- As etapas da produção material: o artesanato, a manufatura e a maquinofatura.
- As principais características da revolução industrial inglesa e seus efeitos: econômicos e sociais.
- A Revolução Francesa: contexto, fases e principais acontecimentos.
- A decisiva atuação das mulheres na Revolução Francesa.

Atividades de autoavaliação

1. Considerando as principais etapas da Revolução Industrial na Inglaterra, assinale a alternativa **incorreta**:

   a) O pioneirismo da Inglaterra na expansão ultramarina e colonial dos séculos XV e XVI permitiu a essa monarquia acumular metais preciosos que seriam a base dos capitais investidos nas máquinas à vapor do século XVIII.

   b) O fato de seu governo monárquico absolutista ter sido derrubado ainda no século XVII e substituído por uma monarquia constitucional, burguesa e de fundamentos liberais favoreceu, por meio de leis e políticas de investimento de capitais, o fomento à maquinofatura da produção.

   c) A prática dos cercamentos, que se intensificou no final do século XVII, contribuiu, ao mesmo tempo, para a migração forçada da mão de obra dos campos para os centros urbanos e para o uso capitalista da terra, intensificando a dinamização da indústria têxtil.

Andréa Maria Carneiro Lobo e José Roberto Braga Portella

d) A grande disponibilidade de recursos naturais no solo inglês, como o carvão e a hulha, aliada à implementação dos Atos de Navegação, ainda no século XVII, foram fatores que também alavancaram o pioneirismo inglês na Revolução Industrial.

2. Leia o trecho a seguir, extraído do texto *Reposta à pergunta: Que é esclarecimento*, e, considerando os apontamentos do filósofo Immanuel Kant sobre o esclarecimento, indique se as sentenças a seguir são falsas (F) ou verdadeiras (V):

> *A imensa maioria da humanidade [...] considera a passagem à maioridade difícil e além do mais perigosa, porque aqueles tutores de bom grado tomaram a seu cargo a supervisão dela. Depois de terem primeiramente embrutecido seu gado doméstico e preservado cuidadosamente estas tranquilas criaturas a fim de não ousarem dar um passo fora do carrinho para aprender a andar, no qual as encerraram, mostram-lhes em seguida o perigo que as ameaça se tentarem andar sozinhas.* (Kant, 1985, p. 102)

( ) Esclarecido é o indivíduo que tem acesso a muitas informações. Quanto maior a quantidade de informações a que se tem acesso, maior a capacidade intelectual e, portanto, mais amplo é o esclarecimento e o sentido de liberdade.

( ) Segundo o filósofo Immanuel Kant, é impossível ao ser humano atingir a maioridade – isto é, o esclarecimento – sem a tutela de um líder que lhe mostre os perigos que existem em tentar pensar por si só.

( ) Kant associa o esclarecimento à capacidade do indivíduo de fazer uso do próprio entendimento sem a direção de outrem. Pensar por si próprio é, portanto, atingir a maioridade, é ser esclarecido.

( ) Para Kant, o uso público da razão é indissociável do pensar por si próprio e do processo do esclarecimento.

Assinale, a seguir, a alternativa que apresenta a sequência correta de preenchimento:

a) V, F, F, V.
b) V, V, F, F.
c) F, F, V, V.
d) F, V, F, V.

3. Leia o texto a seguir, do historiador Eric Hobsbawm, acerca dos efeitos sociais da Revolução Industrial:

> *A mecanização aumentou muito a produtividade e reduziu o custo por unidade produzida da mão de obra, que recebia salários abomináveis já que era formada em grande parte por mulheres e crianças. Em 131 fábricas de Manchester, na Inglaterra, os salários médios eram de menos de 12 shillings. Por outro lado, a construção de fábricas era relativamente barata; em meados de 1846, uma fábrica inteira de tecelagem, com 410 máquinas, incluindo o custo do terreno e dos prédios, podia ser construída por aproximadamente 11 mil libras.*
>
> (Hobsbawm, 2003, p. 29)

O texto se refere:

a) aos altos investimentos que os industriais ingleses precisavam dispender para construir suas fábricas, motivo por que buscavam retomar esse investimento com o aumento do ritmo da produção e o barateamento do custo da mão de obra.

Andréa Maria Carneiro Lobo e José Roberto Braga Portella

b) aos baixos salários que eram pagos aos trabalhadores homens, se comparados à remuneração recebida por mulheres e crianças, nos primeiros tempos da Revolução Industrial.

c) ao aumento da produtividade, trazido pelo advento da mecanização, e, em contrapartida, aos baixos salários que eram pagos aos trabalhadores – especialmente às mulheres e às crianças – algo que não se explica a não ser pela necessidade imensa de lucro por parte dos industriais, visto que os demais custos com a produção (máquinas, terrenos, prédios) eram relativamente baixos.

d) à contradição entre os baixos custos com a construção das fábricas – incluindo máquinas, prédios e terrenos – e os altos custos empregados nos salários dos trabalhadores, fato que levou muitos dos primeiros industriais ingleses à falência.

4. Considerando as fases da Revolução Francesa, relacione a primeira coluna com a segunda:

i) Assembleia Constituinte
ii) Monarquia Constitucional
iii) Terror
iv) Diretório

( ) Reação termidoriana.
( ) Promulgação da primeira *Declaração dos direitos do homem e do cidadão.*
( ) Criação de um novo calendário.
( ) Tomada da Bastilha

A sequência correta de preenchimento da segunda coluna é:

a) I, III, IV, II.
b) II, IV, III, I.
c) III, II, I, IV.
d) IV, II, III, I.

5. Leia com atenção o texto a seguir, do historiador francês Jules Michelet, acerca de um episódio ocorrido durante a Revolução Francesa:

*Havia, a 5 de outubro, uma multidão de infelizes criaturas que não comiam havia trinta horas. Esse espetáculo doloroso cortava os corações, e ninguém fazia nada; cada um se fechava deplorando a dureza dos tempos. Na noite de domingo, dia 4 [de outubro], uma mulher corajosa que não podia ver aquilo por mais tempo corre do Quartier Saint-Denis ao Palais-Royal, abre um caminho na multidão ruidosa que perorava, fazendo-se ouvir; era uma mulher de trinta e seis anos, bem-posta, honesta, mas forte e ousada. Quer que se vá a Versalhes, ela marchará à frente. Os **circunstantes** brincam com isso, ela aplica uma bofetada em um dos que se divertem. No dia seguinte, partiu entre as primeiras, o **sabre** na mão, e, apoderando-se de um canhão da prefeitura, pôs-se a cavalo sobre ele e conduziu-o a Versalhes, com mecha acesa. [...] Muitas outras não eram levadas pela fome. Havia comerciantes, porteiras, prostitutas, compassivas e caridosas, como elas frequentemente são. Havia um número considerável de mulheres do mercado; estas, bastante realistas, mas isto era uma razão a mais pura para desejarem ter o rei em Paris. [...] Essas mulheres dos mercados não são as que sofrem muito a miséria; seu comércio, voltando-se para as coisas necessárias à vida, têm menos variações. Mas elas veem* *a miséria melhor que ninguém, e a sentem; vivendo sempre na praça, não escapam, como nós, ao espetáculo dos sofrimentos.* (Michelet, 1989, p. 257-258, grifo do original)

O texto refere-se à:

a) tentativa de fuga da família real francesa em junho de 1791.
b) Tomada da Bastilha, em julho de 1789.
c) reação termidoriada e ao golpe que instituiu o Diretório.
d) Marcha a Versalhes, ocorrida em outubro de 1789.

Atividades de aprendizagem

Questões para reflexão

1. Analise o trecho a seguir, extraído da obra *Discurso sobre as ciências e as artes*, de Rousseau:

> *O espírito, como o corpo, tem suas necessidades. Estas são o fundamento da sociedade, as demais são seu ornamento. Enquanto o governo e as leis suprem à segurança e ao bem-estar dos homens reunidos, as ciências, as letras e as artes, menos despóticas e talvez mais poderosas, estendem guirlandas de flores nas correntes de ferro que eles carregam, sufocam-lhes o sentimento dessa liberdade original para a qual pareciam ter nascido, fazem-nos amar sua escravidão e formam o que chamamos de povos policiados.* (Rousseau, 2005, p. 12)

Com base no texto lido, responda às seguintes perguntas:

a) Quais seriam os fundamentos da sociedade, segundo Rousseau?
b) Comente sobre a concepção de Rousseau acerca das artes, das ciências e das letras no contexto em que o texto foi escrito (França, ano de 1749).

c) Qual é a relação entre a concepção de Rousseau sobre as ciências, as artes e as letras em sua época e sua visão acerca do Iluminismo?

d) E, em nossa época, de que maneira você concebe o papel das ciências, das artes e das letras na sociedade?

2. Considerando o texto de Immanuel Kant sobre o esclarecimento, responda ao que se pede:
   a) Em sua opinião, de que maneira a questão de Kant acerca do esclarecimento nos atinge hoje? Justifique.
   b) Pode-se afirmar, ainda em nossos dias, que o esclarecimento é a saída do homem de sua menoridade? Por quê?
   c) Vivemos na chamada *Era da informação*. Ter mais acesso à informação significa ser mais esclarecido? Explique.
   d) Será que, ainda hoje, é possível afirmar que a maioria dos homens se comporta como "gado doméstico" porque teme pensar por si mesmo?

3. Analise com atenção o texto a seguir. Trata-se de uma entrevista realizada com o pai de duas meninas que trabalhavam em uma fábrica inglesa no século XIX. Em seguida, responda às problematizações propostas.

   1. *Pergunta: A que horas vão as menores à fábrica? Resposta: Durante seis semanas foram às três horas da manhã e voltaram às dez horas da noite.*

   2. *Pergunta: Quais os intervalos concedidos durante as dezenove horas, para descansar ou comer? Resposta: Quinze minutos para o desjejum, meia hora para o almoço e quinze minutos para beber.*

Andréa Maria Carneiro Lobo e José Roberto Braga Portella

3. *Pergunta: Tinha muita dificuldade para despertar suas filhas? Resposta: Sim. A princípio, tínhamos que sacudi-las para despertá-las e se levantarem, bem como vestirem-se antes [de] ir ao trabalho.*

4. *Pergunta: Quanto tempo dormiam? Resposta: Nunca se deitavam antes das onze horas, depois de lhes dar algo que comer, e então, minha mulher passava toda a noite em vigília ante o temor de não despertá-las na hora certa.*

5. *Pergunta: A que horas eram despertadas? Resposta: Geralmente, minha mulher e eu nos levantávamos às duas horas da manhã para vesti-las.*

6. *Pergunta: Então, somente tinham quatro horas de repouso? Resposta: Escassamente quatro.*

7. *Pergunta: Quanto tempo durou essa situação? Resposta: Umas seis semanas.*

8. *Pergunta: Trabalhavam desde as seis horas da manhã até às oito e meia da noite? Resposta: Sim, é isso.*

9. *Pergunta: As menores estavam cansadas com esse regime? Reposta: Sim, muito. Mais de uma vez ficaram adormecidas com a boca aberta. Era preciso sacudi-las para que comessem.*

10. *Pergunta: Suas filhas sofreram acidentes? Resposta: Sim, a maior, a primeira vez que foi trabalhar, prendeu o dedo em uma engrenagem e esteve cinco semanas no hospital de Leeds.*

11. *Pergunta: Recebeu o salário durante esse tempo? Resposta: Não, desde o momento do acidente, cessou o salário.*

12. *Pergunta: Suas filhas foram remuneradas? Resposta: Sim, ambas.*

13. *Pergunta: Qual era o salário em semana normal? Resposta: Três shillings por semana, cada uma.*

14. *Pergunta: E quando faziam horas suplementares? Resposta: Três shillings e sete pences e meio.* (Nascimento, 1992, p. 11-12)

a) Considerando a jornada de trabalho em que as meninas, menores de idade, permaneciam na fábrica e os horários de que dispunham para se alimentar e descansar, explique: qual a relação entre a degradação humana a que estavam submetidas essas "operárias" e o processo de acumulação capitalista em curso?

b) Existia, nesses primeiros tempos da indústria, algum tipo de legislação trabalhista? Justifique sua resposta com exemplos do próprio documento.

4. Analise com atenção o texto a seguir, datado de 1789 e escrito pelo abade Emmanuel Joseph Sieyès, eclesiástico, político e intelectual francês, representante do clero e da aristocracia na Assembleia Nacional de 1789. Em seguida, responda às questões propostas.

Que é o Terceiro Estado? Tudo. Que tem sido até agora na ordem política? Nada. Que deseja? Vir a ser alguma coisa.

O Terceiro Estado forma em todos os setores os dezenove/vinte avos, com a diferença de que ele é encarregado de tudo o que existe de verdadeiramente penoso, de todos os trabalhos que a ordem privilegiada se recusa a cumprir. Os lugares lucrativos e honoríficos são ocupados pelos membros da ordem privilegiada.

Quem, portanto, ousaria dizer que o Terceiro Estado não tem em si tudo o que é necessário para formar uma nação completa? Ele é o homem forte e robusto que tem um dos braços ainda acorrentado. Se suprimíssemos a ordem privilegiada, a nação não seria algo de menos e sim alguma coisa mais. Assim, o que é o Terceiro Estado? Tudo, mas um tudo livre e florescente. Nada pode caminhar sem ele, tudo iria infinitamente melhor sem os outros.

Andréa Maria Carneiro Lobo e José Roberto Braga Portella

Uma espécie de confraternidade faz com que os nobres deem preferência a si mesmos para tudo, em relação ao resto da nação. A usurpação é completa, eles verdadeiramente reinam.

É a corte que tem reinado, e não o monarca. É a corte que faz e desfaz, convoca e demite ministros, cria e distribui lugares etc. Também o povo acostumou-se a separar nos seus murmúrios o monarca dos impulsionadores do poder. Ele sempre encarou o rei como um homem tão enganado e de tal maneira indefeso em meio a uma corte ativa e tão poderosa, que jamais pensou em culpá-lo de todo o mal que se faz em seu nome. (Sieyès, citado por Falcon; Moura, 1988, p. 66)

a) Qual é a concepção que o texto oferece acerca do terceiro Estado?

b) De que metáfora se vale o autor do texto para representar o terceiro Estado?

c) Qual é a principal crítica apresentada pelo texto?

Atividades aplicadas: prática

1. Elabore um painel comparativo entre as Revoluções Inglesa e Francesa, apontando semelhanças e diferenças entre elas.

Considerações finais

Iniciamos este livro afirmando que o estudo da História nos remete a uma terra estrangeira, pois do nosso presente somos levados a vislumbrar diferentes possibilidades de passado, diferentes trajetórias, diversas histórias. Ao longo da obra, fizemos algumas escolhas, selecionamos algumas fontes, partimos de conceitos relacionados a certos autores e escolas historiográficas, deixamos de utilizar outros. Escrever um texto de História é, afinal, uma atitude feita de escolhas – estas, relacionadas à forma como se vive e encara o próprio presente.

Procuramos apresentar um percurso consistente para essa sua viagem aos princípios daquilo que a historiografia denominou *Idade Moderna*, iniciando por historicizar essa própria divisão, uma vez que ela também tem sua época e sua geografia. Em seguida, abordamos algumas mudanças de pensamento: acerca do homem, de Deus, da natureza, da religião... Fizemos referência às mudanças de perspectivas, de paradigmas, de comportamentos, associadas ao humanismo, à difusão do texto escrito, das práticas da leitura, de outras formas de se conceber o homem, o Estado e a religião. Tais transformações estimularam movimentos, que destituíram governos e instituíram novas configurações políticas. Representaram alterações na forma de produzir e de organizar o trabalho, gerando transformações sociais que culminaram em resistência.

Também buscamos trazer à tona personagens por vezes pouco valorizados pela historiografia tradicional, os segmentos excluídos em sua própria época e que, aqui, encontraram espaço para soltar sua voz, como as mulheres, os trabalhadores, os setores populares.

Temos consciência de que, longe de esgotar a temática da Idade Moderna, o propósito deste livro foi estimular você a continuar, com base nas informações e sugestões aqui apresentadas, suas próprias pesquisas, construindo seu próprio percurso.

Glossário

Afresco: Diz-se também "fresco". Tipo de pintura em que os pigmentos de tinta são dissolvidos em água e aplicados ao revestimento da parede (gesso) ainda úmido, tornando-se firmes depois de secos.

Armistício: Acordo que suspende em caráter provisório as hostilidades entre opositores em um conflito ou guerra.

Barroco: A expressão, de origem portuguesa, significa algo como "pérola imperfeita". Foi cunhada somente no século XIX, para designar o tipo de arte que floresceu em países como Portugal, Espanha e Itália, entre o final do século XVI e meados do século XVIII – no contexto, portanto, da Contrarreforma. O estilo caracterizou-se por tratar de temas religiosos com acentuada carga emocional, figurada em personagens que representam uma religiosidade dramática, intensa, com vistas a comover o expectador.

Bula: Escrito ou carta solene que dispões ordens papais ou benefícios concedidos pelo pontífice. O nome deriva do selo que se prendia ao documento para atestar a origem e a veracidade do documento.

Chaperone: Termo de origem francesa. Pessoa idosa que, nas cortes reais, acompanhava as jovens solteiras, para garantir que elas tivessem um comportamento considerado apropriado à sua condição social.

Concílio: Reunião da qual participavam todos os bispos para deliberar sobre os dogmas (verdades) a serem seguidos pelos cristãos.

Cunhagem: Ato de cunhar, tornar saliente.

Cúpula: Em arquitetura, tipo de teto reto em forma de semiesfera.

Dieta: Tipo de assembleia de caráter político ou legislativo comuns nos Estados europeus.

Erudito: Que demonstra erudição, conhecimento amplo e variado sobre diferentes assuntos. Culto, letrado.

Escolástica: Tendência do pensamento filosófico cristão medieval, cujas origens remontam ao século IX. Teve seu apogeu no século XIII, com o filósofo Tomás de Aquino, e entrou em decadência no século XIV, com a crítica ao tomismo proposta pelos filósofos pós-tomistas ingleses. Recebe esse nome em razão do ambiente em que se deram os principais debates filosóficos na época: as universidades (escolas).

Estéticas: Referente ao que é estético, harmonioso em suas formas.

Heliocentrismo: *Hélio* era a designação dada ao deus Sol entre os antigos gregos. *Heliocêntrico*, portanto, significa que o Sol é o centro do sistema em torno do qual gravitam a Terra e os demais planetas e corpos celestes próximos a ela.

Mélange: "Mistura", em francês.

Pintura bizantina: Esse estilo tem suas origens no Império Romano do Oriente, que, a partir da Queda de Roma, em 476, passou a constituir um reino independente, o Império Bizantino. Na arte bizantina destacam-se os chamados *ícones* (pinturas que figuravam temas sacros sobre um painel de madeira). Nas cenas representadas, é evidente a evocação de um profundo misticismo religioso. Em geral, os personagens eram retratados de acordo com sua importância na hierarquia social e religiosa. Assim, figuras tidas como mais sagradas ocupavam espaços maiores no centro das composições e, por vezes, eram representadas vestindo mantos ricamente bordados ou portando coroas incrustadas de pedras preciosas.

Platonismo: Doutrina defendida pelo filósofo grego Platão (428/27 a.C.-348/47 a.C.) e seus seguidores.

Poesia épica: Composição em versos extensa que remete a feitos heroicos.

Sabre: Arma branca, curvada ou reta, com um só gume.

Secularização: Processo pelo qual aquilo (propriedades, bens, instituições, ideias) que ficavam sob domínio da religião passa para regime leigo.

Utopia: De origem grega, significa "lugar que não existe" e designa a idealização do que tende a não se realizar, do âmbito do sonho

Andréa Maria Carneiro Lobo e José Roberto Braga Portella

Referências

ABBAGNANO, N. **Dicionário de filosofia**. Tradução de Alfredo Bosi. São Paulo: M. Fontes, 1998.

ARAÚJO, M. B. de. **O giro moçambicano**: subsídio para a história de Moçambique (1498-1752). Coimbra: Ed. da Universidade de Coimbra, 1992.

ARRUDA, J. J. de A. **Atlas histórico escolar**. 17 ed. São Paulo: Ática, 2002.

BARROS, J. D'A. **O campo da história**: especialidades e abordagens. Petrópolis: Vozes, 2005.

BÍBLIA. Português. **Bíblia de Jerusalém**. Tradução de Sociedade Bíblica Católica Internacional. São Paulo: Paulus, 2016.

BIGNOTTO, N. As fronteiras da ética: Maquiavel. In: NOVAES, A. (Org.) **Ética**. São Paulo: Companhia das Letras, 1992.

BLAINEY, G. **Uma breve história do mundo**. São Paulo: Fundamento, 2008.

BOBBIO, N. **Estado, governo, sociedade**: por uma teoria geral da política. Rio de Janeiro: Paz e Terra, 1987.

BURCKHARDT, J. **A cultura do Renascimento na Itália**: um ensaio. Tradução de Sérgio Tellaroli. São Paulo: Cia. das Letras, 2009.

BURKE, P. **A fabricação do rei**: a construção da imagem pública de Luís XIV. Tradução de Maria Luiza X. de A. Borges. 2. ed. Rio de Janeiro: J. Zahar, 1994.

CAMÕES, L. V. de. **Os lusíadas**. Lisboa: Instituto Camões, 2000.

CHARTIER, R. As práticas da escrita. In: CHARTIER, R. (Org.). **História da vida privada**. Tradução de Hildegard Feist. São Paulo: Cia. das Letras, 1991. p. 113-162. (Da Renascença ao século das luzes, v. 3).

CHARTIER, R. Do códige ao monitor: a trajetória do escrito. **Estudos Avançados**, São Paulo, v. 8, n. 21, maio/ago. 1994. Disponível em: <http://www.scielo.br/scielo.php?script=sci_arttext&pid= S0103-40141994000200012>. Acesso em: 24 nov. 2017.

COMPARATO, F. K. **A afirmação histórica dos direitos humanos**. 3. ed. São Paulo: Saraiva, 2003.

COSTA, R. da. **Duas imprecações medievais contra os advogados**: as diatribes de São Bernardo de Claraval e Ramon Llull nas obras Da Consideração (c. 1149-1152) e O Livro das Maravilhas (1288-1289). Disponível em: <http://www. ricardocosta.com/artigo/duas-imprecacoes-medievais-contra-o s-advogados-diatribes-de-sao-bernardo-de-claraval-e-ramon>. Acesso em: 6 dez. 2017.

DALLARI, D. de A. **Elementos de teoria geral do Estado**. 2 ed. São Paulo: Saraiva, 1997.

DECLARAÇÃO de direitos 1689. Disponível em: <http://www. dhnet.org.br/direitos/anthist/decbill.htm>. Acesso em: 6 nov. 2017.

DELUMEAU, J. **Nascimento e afirmação da Reforma**. São Paulo: Pioneira, 1989.

DESCARTES, R. **Meditações metafísicas**: meditação segunda. Tradução de J. Guinsburg e Bento Prado Júnior. N. Cultural, São Paulo, 1987. (Coleção Os Pensadores).

ELIAS, N. **A sociedade de corte**. Tradução de Pedro Süssekind. Rio de Janeiro: J. Zahar, 2001.

EYMERICH, N. **Manual dos Inquisidores (Directotium Inquisitorum)**. São Paulo: Rosa dos Tempos, 1993.

FALCON, F.; MOURA, G. **A formação do mundo contemporâneo**. Rio de Janeiro: Campus, 1988.

FOUCAULT, M. A governamentalidade. In: FOUCAULT, M. **Microfísica do poder**. Tradução de Roberto Machado. Rio de Janeiro: Graal, 1982. p. 277-293.

FREITAS, G. de. **900 textos e documentos de História**. Lisboa: Plátano, 1977. v. 2.

GLEISER, M. **A dança do universo**: dos mitos de criação ao Big Bang. São Paulo: Cia. das Letras, 1997.

GONÇALVES, E. M. Princípios da Razão de Estado em *O príncipe*, de Nicolau Maquiavel. **Filogênese**, Marília, v. 3, n. 1, p. 7-14, 2010. Disponível em: <http://www.marilia.unesp.br/Home/RevistasEletronicas/FILOGENESE/EugenioMattioliGoncalves(7-14).pdf>. Acesso em: 25 nov. 2017.

HAUSER, A. **História social da arte e da literatura**. Tradução de Álvaro Cabral. São Paulo: M. Fontes, 2010.

HALE, J. R. **Renascença**. Tradução de Ronaldo Veras. Rio de Janeiro: J. Olympio, [197-].

HILL, C. **O mundo de ponta-cabeça**: ideias radicais durante a revolução inglesa de 1640. São Paulo: Cia. das Letras, 1987.

HOBSBAWM, E. J. **A era das revoluções**: 1789-1848. Rio de Janeiro: Paz e Terra, 2003.

Andréa Maria Carneiro Lobo e José Roberto Braga Portella

KANT, I. Resposta à pergunta: que é esclarecimento? In: KANT, I. **Textos seletos**. Tradução de Raimundo Vier e Floriano de Souza Fernandes. Petrópolis: Vozes, 1985. p. 100-117.

KLUG, J. **Lutero e a reforma religiosa**. São Paulo: FTD, 1998.

KOSELLECK, R. **Futuro passado**: contribuição à semântica dos tempos históricos. Tradução de Wilma Patrícia Mass e Carlos Almeida Pereira. Rio de Janeiro: Contraponto, 2006.

KUHN, T. S. **A estrutura das revoluções científicas**. São Paulo: Perspectiva, 1978.

KUHN, T. S. **O estado monárquico**: França – 1460-1610. São Paulo: Companhia das Letras, 1994.

LARA, T. A. **A filosofia ocidental do Renascimento aos nossos dias**. Petrópolis: Vozes, 1986.

LENZ, S. E. Jean Bodin: as premissas de um estado soberano. **Mediações: Revista de Ciências Sociais**, Londrina, v. 9, n. 1, p. 119-134, 2004. Disponível em: <http://www.uel.br/revistas/uel/index.php/mediacoes/article/view/9051/7580>. Acesso em: 22 nov. 2017.

LE ROY LADURIE, E. **Montaillou**: povoado occitânico (1294-1324). Tradução de Maria Lucia Machado. São Paulo: Cia. das Letras, 1997.

LOCKE, J. **Segundo tratado sobre o governo civil**. Rio de Janeiro: Vozes, 2001.

LOPES, J. G. Thomas Hobbes: A necessidade da criação do Estado. **Griot: revista de Filosofia**, Amargosa, v. 6, n. 2, p. 170-187, dez. 2012. Disponível em: <http://www2.ufrb.edu.br/griot/images/vol6-n2/12-THOMAS_HOBBES_-_A_NECESSIDADE_DA_CRIACAO_DO_ESTADO-Jecson_Girao_Lopes.pdf>. Acesso em: 6 nov. 2017.

LOWENTHAL, D. Como conhecemos o passado. Tradução de Lúcia Haddad e revisão técnica de Marina Maluf. **Projeto História**, São Paulo, v. 17, jul./dez. 1998.

LOWENTHAL, D. **The Past Is a Foreign Country**. Cambridge: Cambridge University Press, 2003.

LUCENA, A. Q. de. Rousseau: princípios do direito político e crítica da razão moderna. **Filogênese**, Marília, v. 2, n. 2, p. 101-110, 2009. Disponível em: <https://www. marilia.unesp.br/Home/RevistasEletronicas/FILOGENESE/ AndreQueirozdeLucena(101-110).pdf>. Acesso em: 27 nov. 2017.

MARQUES, A.; COSTA, F. **História e Geografia de Portugal –** 5° Ano. Lisboa: Porto Editora, 2007.

MAQUIAVEL, N. **O príncipe**. São Paulo: M. Claret, 2013.

MICHELET, J. **História da Revolução Francesa**: da queda da Bastilha à festa da federação. São Paulo: Cia. das Letras, 1989.

MICHELET, J. **Historie de France au seizième siècle**. Renaissance. Paris: Chamerot, 1855.

MOREIRA, A.; BUGALLO, A.; ALBUQUERQUE, C. (Coord.). **Legado político do Ocidente**: o homem e o Estado. Rio de Janeiro/São Paulo: Difel, 1978.

NASCIMENTO, A. M. A indignidade das condições de trabalho subordinado. In: NASCIMENTO, A. M.; NASCIMENTO, S. M. **Curso de direito do trabalho**. São Paulo: Saraiva, 1992. p. 9-14.

PICO DELLA MIRANDOLA, G. **Discurso sobre a dignidade do homem**. Tradução e introdução de Maria de Lurdes Sirgado Ganho. Lisboa: Edições 70, 2001.

PORTELLA, J. R. **Descripcoens, memmorias, noticias e relaçoens**: Administração e ciência na construção de um padrão textual iluminista sobre Moçambique, na segunda metade do século XVIII. 251 f. Tese (Doutorado em História) – Universidade Federal do Paraná, Curitiba, 2006. Disponível em: <http://acervodigital.ufpr.br/bitstream/handle/1884/7418/JRBPortella_tese.pdf?sequence=1&isAllowed=y>. Acesso em: 27 nov. 2017.

ROTERDÃ, E. de. **O elogio da loucura**. São Paulo: N. Brasil, 1982. p. 52. (Coleção Os Grandes Clássicos da Literatura).

ROUSSEAU, J.-J. **Discurso sobre as ciências e as artes**. In: ROUSSEAU, J.-J. Discurso sobre a origem e os fundamentos da desigualdade entre os homens. Tradução de Maria Ermantina Galvão. 3. ed. São Paulo: M. Fontes, 2005.

ROUSSEAU, J.-J. **Do contrato social**. Porto Alegre: L&PM, 2014.

SMITH, A. **A riqueza das nações**: investigação sobre a sua natureza e suas causas. São Paulo: N. Cultural, 1985.

THOMÉ, L. M. S. **Da ortodoxia à heresia**: os valdenses (1170-1215). 198 f. Dissertação (Mestrado em História) – Universidade Federal do Paraná, Curitiba, 2004. Disponível em: <http://acervodigital.ufpr.br/bitstream/handle/1884/2371/Desserta%C3%A7%C3%A3o-Final.pdf?sequence=1>. Acesso em: 6 nov. 2017.

TOCQUEVILLE, A. de. **Journeys to England and Ireland**. [S.l.]: Mayer, 1958.

TREVISAN, A. **O rosto de Cristo**: a formação do imaginário e da arte cristã. 2. ed. Porto Alegre: Age, 2003.

Bibliografia comentada

LADURIE, E. Le R. **Montaillou**: Povoado occitânico (1294-1324). Tradução de Maria Lucia Machado. São Paulo: Cia. das Letras, 1997.

O livro *Montaillou: povoado occitânico – 1294-1324*, do historiador francês Emmanuel Le Roy Ladurie, publicado no Brasil pela editora Companhia das Letras, em 1997, trata do cotidiano dos habitantes (em sua maioria camponeses) de uma localidade situada na Occitânia (no sul da França). Essa comunidade foi alvo, no século XIV, de um processo canônico de acusação de heresia relacionada à adesão dos moradores da região às pregações de líderes religiosos cátaros. Graças à pesquisa empreendida por Ladurie sobre os relatos dos interrogatórios dirigidos contra os camponeses pelo inquisidor nomeado para a região, o bispo Jacques Fourier, o leitor tem acesso a detalhes do cotidiano e do imaginário daqueles aldeões, que se encontram em um momento crítico da história do Ocidente: a verdadeira cruzada dirigida contra os cátaros.

DELUMEAU, J. **Nascimento e afirmação da Reforma**. São Paulo: Pioneira, 1989.

Em sua conhecida obra, o historiador francês problematiza o contexto social, político e econômico da Reforma Protestante na Europa. Destaca, também, os aspectos doutrinários trazidos pelo protestantismo, bem como seu avanço na região da Alemanha, dos Países Baixos e da Boêmia.

MAQUIAVEL, N. **O príncipe**. São Paulo: M. Claret, 2013.

Obra escrita no início do século XVI (entre 1513 e 1515) que se caracteriza por ser um manual prático do fazer político, uma espécie de guia político destinado ao governante interessado em manter o Estado. Marcado pelo pragmatismo, o texto de *O príncipe* apresenta as formas pelas quais um Estado pode sucumbir ou ser conquistado e conservado, sendo a sagacidade, a astúcia e a moralidade prática do governante, bem como a escolha correta de seus assessores, os elementos determinantes, segundo Maquiavel, como para o sucesso ou a ruína de um governo.

Respostas

Capítulo 1

Atividades de autoavaliação
1. b
2. c
3. c
4. c
5. a

Atividades de aprendizagem

Questões para reflexão
1.
   a. Estão atacando a sobrevivência do sistema feudal naquela sociedade. No feudalismo, o servo estava preso às obrigações da terra. Como a terra pertencia ao senhor, ele, de certa forma, era tratado como parte dela, um bem do qual o senhor poderia dispor como e quando bem lhe conviesse.
   b. Não. Algumas dizem respeito à estrutura social e econômica da sociedade. A manifestação religiosa foi o canal

encontrado por esses camponeses, liderados por um reformista dissidente do luteranismo, para extravasá-las.

c. Os textos do Novo Testamento, em várias ocasiões, fazem alusão à igualdade, à liberdade e à justiça. Nesse sentido, as reivindicações dos camponeses não os contradiziam, apenas tentavam pôr em prática o que a Igreja mantinha, até então, na teoria. Porém, o atendimento a tais reivindicações implicaria perda de privilégios, riqueza, *status* e poder de pessoas que ocupavam uma situação bastante confortável na sociedade: príncipes e grandes senhores de terras. Por isso, esses movimentos foram tão duramente reprimidos.

Capítulo 2

Atividades de autoavaliação

1. c
2. b
3. d
4. b
5. c

Atividades de aprendizagem

Questões para reflexão

1.

a. Em primeiro lugar, esse regime de governo seria, para ele, o mais natural e mais duradouro. Além disso, esse tipo de governo seria o que melhor se conserva, pois é de interesse do príncipe manter o trono para a sua descendência. Por fim, há a questão da dignidade das casas reais, decorrente da admiração e do respeito que a elas se dedica e da consequente necessidade que sentem de se manterem dignas dessa admiração.

b. Segundo o autor, "o trono real não é o trono de um único homem, mas o trono do próprio Deus". Por isso, ao rei deve-se obedecer sem reclamar, uma vez que ele, depois de Deus, é aquele que vê as coisas de um patamar mais alto e com maior alcance.

c. Na medida em que caracteriza o poder real como de origem divina e o próprio rei como um representante do poder divino na Terra, Bossuet ajuda a consolidar as bases do poder real em parâmetros absolutos, inquestionáveis, visto que se legitimam no dogma da onipotência divina.

2.

a. Trata-se de uma carta, datada de 15 de dezembro de 1466 e dirigida à cidade de Lião. O autor é o Rei Luís XI.

b. Ao reino da França. Luís XI era o rei da França nessa época.

c. O documento trata da importação de tecidos. Segundo o rei, a França tinha que importar, todos os anos, consideráveis quantias de tecidos de ouro e seda. Para evitar essas importações, o soberano exorta a cidade de Lião a produzir esses tecidos para o abastecimento local.

d. Os reis estimulavam a entrada de matérias-primas em seus países para que pudessem ser manufaturadas e depois vendidas por um preço mais elevado (externamente). Propiciavam, também, as condições de infraestrutura necessárias para a produção e a comercialização de bens manufaturados internamente. Por outro lado, criavam restrições alfandegárias para dificultar o ingresso de manufaturas estrangeiras em seus países e para evitar a saída de matérias-primas.

Andréa Maria Carneiro Lobo e José Roberto Braga Portella

3.

a. Tanto a ampliação do território, propiciada pela conquista definitiva de Granada pelos reis católicos, em 1492, quanto a expansão marítima e a conquista de territórios além-mar na América, entre os séculos XV e meados do XVI, propiciaram a delimitação das fronteiras terrestres e marítimas do Estado espanhol, o acúmulo de metais preciosos e a garantia de recursos necessários à manutenção e à supremacia desse Estado na Europa. Por esse motivo, a primeira metade do século XVII é considerada a época áurea da monarquia espanhola.

b. A perda populacional foi causada por fatores tais como: o envolvimento da Espanha na Guerra dos Trinta Anos, a expulsão dos mouros do território espanhol e a propagação da peste, que dizimou em torno de 46% da população de Sevilha.

Capítulo 3

Atividades de autoavaliação

1. a
2. c
3. c
4. d
5. d

Atividades de aprendizagem

Questões para reflexão

1.
   a. As necessidades do corpo e do espírito. Todas as demais são meros atrativos para que se satisfaçam primeiramente essas necessidades.

   b. Segundo Rousseau, as artes, as ciências e as letras teriam o poder de impedir as pessoas de perceberem sua escravidão, de se darem conta do quanto eram oprimidas pelo Estado, esquecendo-se da liberdade original e natural que caracteriza o homem em suas origens e satisfazendo-se com uma cultura ilustrada.

   c. Na época de Rousseau, filósofos, eruditos e literatos glorificavam a razão como chave para o fim da opressão humana e a celebravam nas artes, nos discursos e nos poemas. No entanto, essa cultura da ilustração pouco revelava sobre a situação de opressão em que se encontrava a sociedade, situação essa que coibia a liberdade do homem, dificultando o pleno desenvolvimento de sua razão e de sua perfectibilidade.

   d. Hoje em dia, aqueles que detêm um conhecimento acadêmico especializado (os médicos, os advogados, os jornalistas, os filósofos, os historiadores, os cientistas das áreas físico-matemáticas, entre outros) exercem, de maneiras distintas e em relações sociais distintas, influência sobre a forma como as pessoas se comportam, pensam, trabalham, consomem e se relacionam com seu corpo, por exemplo. São detentores de discursos tidos por verdadeiros, discursos que engendram práticas, determinam formas de ser e pensar.

Andréa Maria Carneiro Lobo e José Roberto Braga Portella

Com relação às letras, podemos dividir o meio literário, que, muitas vezes, se mostra subversivo, contrário às disposições de poder da época – ou que, pelo menos, as põe em suspenso –, e o meio jornalístico, que, ao atuar como formador de opiniões, pode tanto endossar as estratégias discursivas dominantes quanto contestá-las. No tocante às artes, pode-se pensá-las tanto sob o prisma mercadológico, de acordo com o qual elas são apropriadas pelo mercado e transformadas em fontes de produtos de consumo – pela chamada *indústria cultural* – quanto sob uma perspectiva puramente estética, de modo que se manifestam como tentativas de criar o inusitado, o não pensado, o caótico; constituindo-se, dessa forma, como espaços de resistência.

2.

a. Nos dias de hoje, ainda se pode pensar que ser esclarecido é ter a capacidade de pensar por si mesmo, fazendo uso público da razão, sem a dependência de tutores intelectuais e atingindo, assim, a liberdade de pensamento.

b. Sim, só quem é esclarecido, ou seja, só quem é capaz de pensar por si mesmo é verdadeiramente livre. Somente o esclarecimento permite sair da menoridade intelectual, da dependência de que outros lhe digam o que e como pensar e agir.

c. Não necessariamente. Hoje, de fato temos muito mais acesso à informação, mas a maior parte dessa informação, a qual chega até nós por meio dos meios de comunicação de massa e das ferramentas de comunicação, entretenimento e relações sociais da internet, é fugaz, tornando-se desnecessária e obsoleta quase instantaneamente.

Ter acesso a um grande volume de informação, sem o tempo e a capacidade crítica para debater, filtrar, questionar e processá-las, ao contrário de libertar o indivíduo, pode aliená-lo.

d. Sim. Sobretudo porque os "tutores" mencionados por Kant ainda existem e, sob outras formas, exercem seu controle sobre nossa maneira de pensar e agir. A esses tutores somam-se outros, mais atuais, provenientes da expansão da sociedade pós-industrial, como os meios de comunicação de massa, por exemplo, formadores e massificadores de opiniões que são vendidas sob a forma de informações, mas que não passam de produtos destinados ao consumo fácil e sem crítica.

3.

a. Submetidas a uma jornada de trabalho de 19 horas por dia/noite e dispondo de menos de duas horas por jornada para se alimentar e menos de cinco horas para dormir, as meninas sofriam o processo de exploração intensa das máquinas sobre seus corpos, vendendo, por um salário mísero, seu tempo, sua força de trabalho, e seu período de descanso e lazer. O fato de trabalharem tanto não representava que saíssem de sua situação de miséria e exploração, pois o pagamento de três *shillings* por semana as mantinha na miséria, obrigando-as a trabalharem nesse mesmo ritmo para que elas mesmas e suas famílias não morressem de inanição; no entanto, morria-se, praticamente, todos os dias, aos poucos, de tanto trabalhar. O lucro dos industriais dependia, por um lado, do preço dos produtos que vendiam, e, por outro, dos custos da produção. Pagar tão pouco e obrigar os trabalhadores a trabalhar muito para ganhar esse pouco favorecia o lucro na medida em que barateava os custos de produção – no caso, os custos com mão de obra.

b. Não, pois era permitido o trabalho de menores, a jornada de trabalho durava quanto aguentassem os trabalhadores e não havia indenização por acidente no trabalho.

4.

a. Algo que é tudo e nada ao mesmo tempo. É o setor da sociedade que mais trabalha, que realiza tudo o que há de mais penoso, todos os trabalhos que as ordens mais privilegiadas se recusavam a cumprir. Por outro lado, não ocupa nenhum lugar de destaque no governo.

b. Um homem forte e robusto que tem um de seus braços acorrentado. O lado forte da sociedade que, se unido, suprimiria a ordem privilegiada, fazendo crescer a nação.

c. A crítica aos privilégios da nobreza, que reinava, mandava e desmandava, contratava e demitia, tomando o lugar do rei e mantendo-se privilegiada e forte.

Sobre os autores

Andréa Maria Carneiro Lobo é graduada (1997) em História pela Universidade Federal do Paraná (UFPR) e especialista (2000) em Imagens, Linguagens e Ensino de História pela mesma instituição. É mestre (2005) e doutora (2015) pelo Programa de Pós-Graduação em História também pela UFPR. Tem experiência nas áreas de ensino de História, Metodologia Científica e Filosofia para alunos de graduação em Direito e História, com ênfase em história do pensamento ocidental, atuando especialmente na análise do pensamento filosófico contemporâneo (Nietzsche, Benjamin, Foucault, Deleuze) e na teoria da história. Atualmente, ministra as disciplinas de História do Direito e Teoria do Estado e Ciência Política no curso de Direito do Centro Universitário Autônomo do Brasil (Unibrasil), no qual também é tutora do Programa de Educação Tutorial (PET) do curso de Direito e é professora de Metodologia da Pesquisa Científica na Academia Brasileira de Direito Constitucional (ABDCONST). Coordena o Grupo de Pesquisa sobre História, Direito e Loucura, e é professora de Teoria da História no curso de Licenciatura em História do Centro Universitário Internacional (Uninter), na modalidade ensino a distância (EaD). É autora de livros didáticos destinados aos ensinos fundamental e médio e ao ensino a distância nas áreas de História, Filosofia, Política e Arte. É organizadora de coletâneas de artigos sobre a história da loucura. Atualmente, pesquisa a história do discurso médico sobre os antidepressivos no Brasil, e é co-organizadora do livro *Corpos deslocados*, lançado pela Editora Juruá em 2015.

José Roberto Braga Portella é graduado (1984) em História pela Universidade Federal do Paraná UFPR, é doutor (2006) em História pela mesma instituição e pós-doutor (2014) em História das Ciências pela Fundação Oswaldo Cruz (Fiocruz). É professor do Departamento de História da UFPR. Atua nos seguintes projetos de pesquisa: *Instruções e diários de viagens na segunda metade do século XVIII; Romance moderno e historiografia contemporânea: aproximações possíveis*. Escreveu, alguns capítulos de livros, entre eles: "A escrita da História: fragmentos de historiografia contemporânea" e "Corpos deslocados: cartografias da loucura".

Impressão:
Outubro/2023